地理大千世界丛书

华夏览胜

huaxia lansheng

策 划 刘宝骏 建华

主 编 邓春波 彭友斌

廖琰洁参加编写

百花洲文艺出版社

BAIHUAZHOU LITERATURE AND ART PRESS

编写说明

本着激发地理求知兴趣、开拓地理视野、服务中学地理教学的宗旨，本套丛书从宇宙、大气、海洋、地表形态等方面对地理知识进行了多角度的阐述。丛书力求突出如下特色：内容生动活泼，选材主要来自日常生活、社会焦点和科学技术前沿；栏目新颖丰富，设置了智慧导航、小风铃探究、眼镜爷爷来揭秘、智慧卡片等栏目；结构清晰严谨，每册丛书有一个主要课题，每个章节都对这个课题进行了诠释。

本套丛书对丰富学生地理知识、培养地理学习兴趣、树立正确的地理情感和观念有着积极的作用。它是中学地理教材的重要补充，是学生获得更多地理知识的重要来源。本套丛书注重知识的探究、发现、感悟和建构，对学生思维能力、分析操作能力的培养也是大有裨益的。

全套丛书共十册，由叶滢主编，其中《宇宙星神》由王雪琳、廖琰洁主编，邓春波参加编写；《风云变幻》由徐强、兰常德主编，汪冬秀、肖强参加编写；《走进海洋》由刘林、肖强主编；《华夏览胜》由邓春波、彭友斌主编，廖琰洁参加编写；《世界漫游》由文沫、赖童玲主编，邱玉玲参加编写；《鬼斧神工》由汪冬秀、刘小文主编；《人地共生》由刘煜、徐小兰主编；《自然灾害》由胡祖芬、谢丽华主编；《学以致用》由谭礼、罗奕奕主编；《千奇百怪》由杨晓奇、邱玉玲主编。全套丛书由叶滢负责统稿定稿，廖琰洁、邱玉玲、徐小兰、肖强也参加了统稿工作。

在本书的编写过程中参考和引用了一些学者、教师的研究成果及相关资料，限于篇幅不能一一列举，在此一并表示诚挚的感谢！

这套丛书的出版，希望能得到广大中学生读者的喜爱。地理知识是博大精深的，也是不断与时俱进的。限于我们的水平和时间，这套丛书中难免会有不尽如人意之处。我们诚恳地希望大家提出宝贵意见，以便日后修改，不断完善。

丛书编写组
2012年7月

目录
MULU

第一章 江山如此多娇

智慧导航

中国，这个拥有五千年辉煌历史的文明古国，物产丰富，幅员辽阔，背靠帕米尔高原，耸起高入云天的世界屋脊，面对浩瀚的太平洋，伸展着万里海疆，胸怀着13亿中华儿女。江山如此多娇，引无数英雄竞折腰，相信不仅仅是

英雄，作为中华民族中很普通的一员，我们也会为我们伟大的祖国而自豪。

一、中国的国名、国旗、国徽

小风铃探究

国名、国旗和国徽是一个国家的象征和标志，那么我们伟大的祖国为什么叫中国呢？我们的国旗和国徽又有什么具体的含义呢？

中国国名的由来

"中国"一词是在我国第一个历史朝代夏朝建立之后而最早出现的，其本义和现在的"中国"是完全不同的。在我国古代，"国"字的含义是"城"或"邦"，"中国"就是"中央之城"或"中央之邦"。在

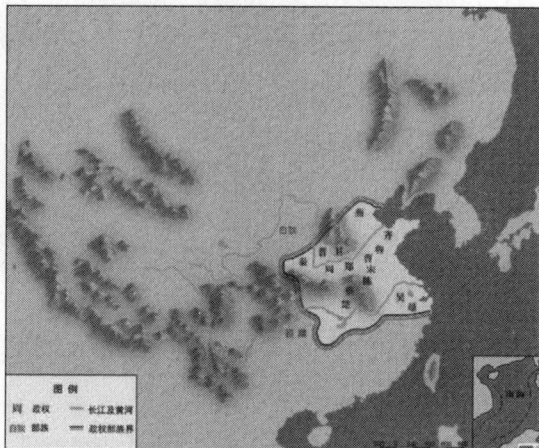

周代的分封制度当中，"中国"泛指周天子直接统治的王国或者都城区域。后来随着时代的发展，用"中国"泛指汉民族文化所在的中原地区，以区别南方的蛮夷及北方的五胡等所在的边疆地区。随着民族的融合，"中国"的范围在逐渐扩大。严格地说，我国古代各个王朝都有自己的"国号"，但并没有把"中国"作为正式国名。直到辛亥革命以后，才把"中国"作为"中华民国"的简称。"中华人民共和国"成立后，"中国"作为其简称，国名远播世界各地，成为世人所向往的东方文明国度。

中国国旗的含义

中华人民共和国国旗又称五星红旗，是中华人民共和国的象征，颜色为红色，象征革命。旗面左上方有五颗黄色五角星，大五角星代表中国共产党，四颗小五角星环拱于大五角星，且都有一个角尖对着大五角星的中心，象征中国共产党领导下的全国各族人民大团结和全国各族人民对党的衷心拥护。

中国国徽的含义

中华人民共和国国徽中心为红地上的金色天安门城

楼，城楼正上方的4颗金色小五角星呈半弧形状，环拱一颗大五角星。国徽四周由金色麦稻穗组成正圆形环，麦稻秆的交叉处为圆形齿轮；齿轮中心交结着红色绶带，分向左右结住麦秆下垂，并把齿轮分成上下两部分。中国的新民主主义革命是从五四运动开始的，到1949年取得胜利，建立了中华人民共和国，天安门是"五四"运动的发源地，又是中华人民共和国成立时举行开国大典的盛大场所，用天安门图案作新的民族精神的象征，用齿轮、谷穗象征工人阶级与农民阶级；用国旗上的五星，代表中国共产党领导下的中国人民大团结，表现新中国的性质是工人阶级领导的以工农联盟为基础的人民民主专政的社会主义国家。

 生活出真知

英国国旗

加拿大国旗

中国低碳经济论坛会徽

世界环境日宣传会徽

江西师范大学校徽

北京奥运会会徽

　　在我们的日常生活中，我们常常不经意间会看到各种各样的图案、图标、标志，像我们通常所见的各种地理环保标志、各国国旗国徽、体育图案标志、社团组织、学校校旗校徽等等，你能猜猜他们所代表的内在含义和设计理念吗？仔细想一想，在这些图案图标的背后是否蕴含一些知识和道理？了解他们的设计理念，不仅可以提高自己的想象能力和思维能力，还可以潜移默化地充实我们政治历史地理等科学文化知识。

二、中国的位置和疆域

小风铃探究

有个谜语大家也许很熟悉，这个谜语讲的是"蓝色星球浮太空，一只雄鸡在其中，南北两分它在北，东西两分它居东，头指世界最大洋，尾靠全球最大陆"，谜底是打一地理事物现象，你知道这个谜底是什么吗？

眼镜爷爷来揭秘

一看便知，这个谜底指的是中国的地理位置。这个谜语的中间两句指的是中国所处的半球位置，后两句指的是中国的海陆位置。具体要了解中国的地理位置就接着看下去吧！

中国位于北半球和东半球，在全球最大的大陆——欧亚大陆的东部和全球最大的海洋——太平洋的西岸，西南面距印度洋不远，东南面向海洋，西北伸向内陆。中国领土总面积约为1430多万平方公里，其中陆地面积960万平方千米，内海和边海的水域面积约为470多万平方公里，仅次于俄罗斯和加拿大，居世界第三位。

疆域南起南海的南沙群岛中的曾母暗沙（3° 51′ N，

112° 16′

E），北至黑

龙江省漠河附

近的黑龙江主

航道中心线

（53° 33.5′

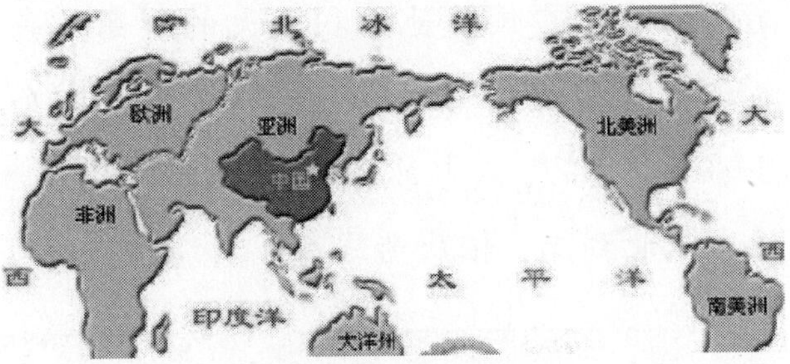

中国在世界上的地理位置

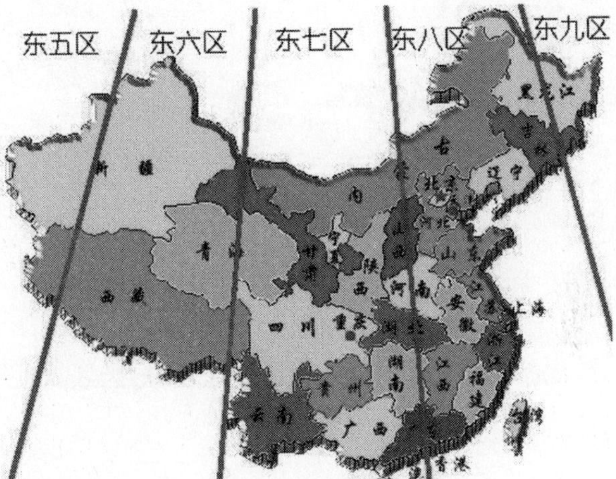

N），南北相距约5500公里；西从新疆帕米尔高原，东到

黑龙江和乌苏里江主航道汇流处（48° 27′ N，135° 05′

E）。中国领土东西跨经度有六十多度，跨了五个时区，从

东五区到东九区，东西距离约5200公里。

中国时区图

海岸线1.8万多公里，中国的大陆边境线长两万多公里。中国岛屿大约有7600多个，绝大部分分布在长江口以南的海域。中国陆地面积最大的群岛是舟山群岛，它位于浙江省东面的东海海域。中国南海有四个群岛，即东沙群岛、西沙群岛、中沙群岛、南沙群岛。中国所濒临的海洋，从北到南，依次为渤海、黄海、东海、南海。

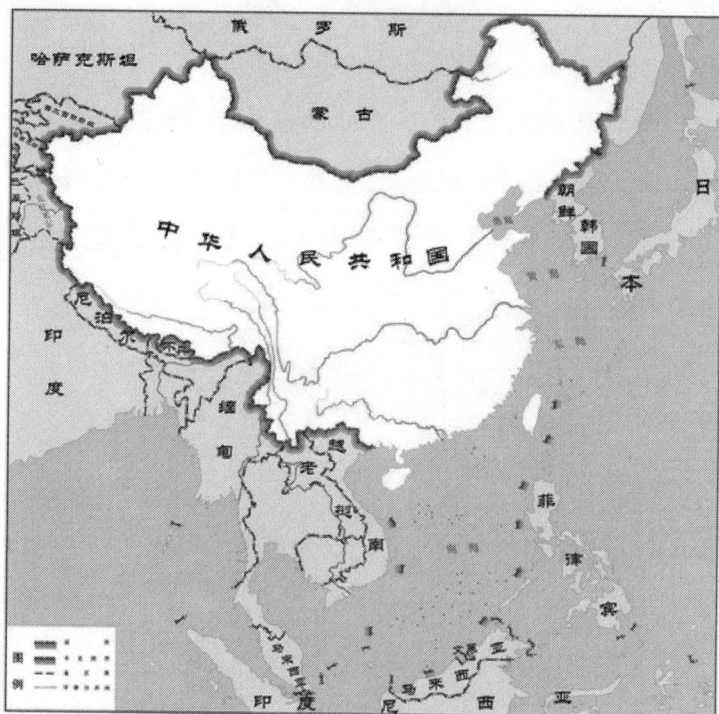

中国的疆域和邻国

中国同14个国家接壤，从逆时针方向看这些国家是朝鲜、俄罗斯、蒙古国、哈萨克斯坦、吉尔吉斯斯坦、塔吉克斯坦、阿富汗、巴基斯坦、印度、尼泊尔、不丹、缅甸、老挝和越南。同中国隔海相望的国家有六个：韩国、日本、菲律宾、马来西亚、文莱、印度尼西亚。

眼镜爷爷来揭秘

中国地理条件的优越性

1.交通

中国沿海多优良港湾，便于船舶避风和停靠。这也促进了中国交通事业的发展，特别是海上运输的发展。例如，台湾海峡位于福建省与台湾省之间，从南到北连接着南海和东海，是中国海上运输的重要通道，人们称它为"海上走廊"。"第二亚欧大陆桥"可以一直从中国的连云港向西到达荷兰的鹿特丹港，这充分显示出我国海陆位置的天然区位优势。

2.生物的多样性

从纬度上讲，中国是个跨度较大的国家，所以产生了气候和生态的多样性。世界上几乎所有动植物都可在我国找到生存场所，这为中国发展多种农业经济提供了有利条件。而且我国绝大部分领土在北温带，南部一小部分在热带。这样的纬度位置既适于人类生活，又使温带、亚热带的各种动植物在我国都能繁殖生长，给我国发展多种经济提供了更有利条件。

3. 经济来往频繁

多邻国的优越地理位置使中国地处世界最有活力的地区——远东和东南亚。上世纪60年代快速发展的是日本，70年代是亚洲"四小龙"，80年代是印尼、马来西亚、泰国和越南。东南亚3000万华人通过银行和工业对中国经济发展起到润滑作用。结果，中国如今成为世界的组装工厂。

智慧卡片

中国陆疆邻国顺口溜

朝俄蒙占一半，西北还有三斯坦

哈斯坦吉斯坦，压在下面的是塔斯坦

塔利班在阿富汗，巴印两国不再开战

尼泊尔和不丹，被中印两国围一圈

缅甸老挝和越南，就像金鸡下的蛋

解释：朝俄蒙三国与中国陆疆边界漫长，占中国陆疆边界总长近一半；"三斯坦"，哈萨克斯坦在最上面，所以哈哈大笑，吉尔吉斯斯坦在中间，所以被"挤"着，塔吉克斯坦在最下面，所以被压塌在下，阿富汗就不说了；尼泊尔和不丹只有中印两个邻国；东南亚的三国正好在"金鸡"的屁股下面，所以是金鸡下的蛋。

三、中国的地形地势

小风铃探究

诗歌是人们对生活的所见所闻以及美好向往的表达，来源于生活，又高于生活。有些经典诗句，不仅读起来朗朗上口，更蕴含着博大精深的中华文化及生活哲理，传诵至今，成为千古绝唱。在这些古典优美的经典诗句中，有许多诗句不知不觉地包含着许多地理学知识。这些地理知识包括地理现象、地理事物、地理规律等等。例如，我国著名浪漫主义诗人李白的"君不见黄河之水天上来，奔流到海不复回"；大文豪苏东坡的"大江东去，浪淘尽，千古风流人物"；"天苍苍，野茫茫，风吹草低见牛羊"；大词人李煜的"问君能有几多愁，恰似一江春水向东流"；你能说说这些诗词中都囊括了哪些地理事物或者地理现象吗？

眼镜爷爷来揭秘

中国的"阶梯状"地势

　　这些诗句都是对中国地形地势的一个美好的侧面表达。"一江春水向东流"指的是中国的河流大都自西向东流。这种河流流向从总体上概括了中国西高东低地势形态。那么我国有什么样的地势特征呢？

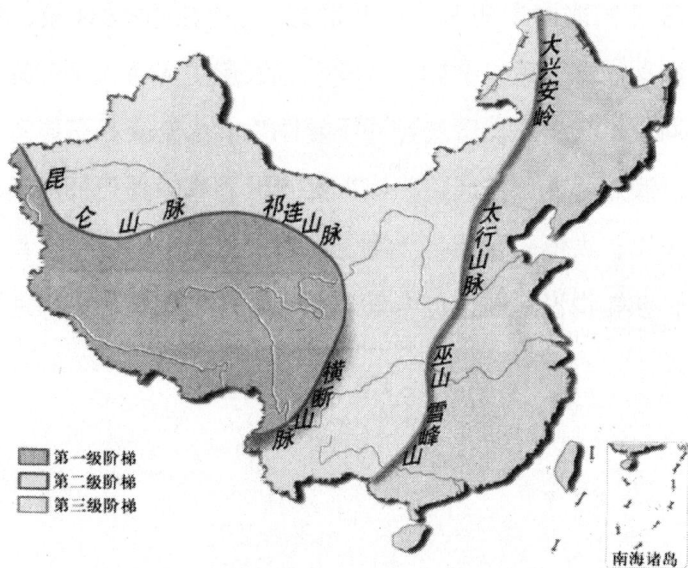

我国地势三级阶梯示意图

　　地势指的是地表形态起伏的高低与险峻的态势，包括地表形态的绝对高度和相对高度差或坡度的陡缓程度。中国地势西高东低，大致呈阶梯状分布。地势的第一级阶梯是青藏高原，平均海拔在4000米以上。其北部与东部边缘分布有昆仑山脉、祁连山脉、横断山脉，是地势一、二级阶梯的分界线。地势的第二级阶梯上分布着大型的盆地和高原，平均海拔在1000——2000米之间，其东面的大兴安岭、太行山脉、巫山、雪峰山是地势二、三级阶梯的分界线。地势的第三级阶梯上分布着广阔的平原，间有丘陵和低山，海拔多在500米以下。从海岸线向东，则是一望无际的碧波万顷、岛屿星罗棋布、水深大都不足200米的浅海大陆架区，也有人把它当作中国地形的第四级阶梯。

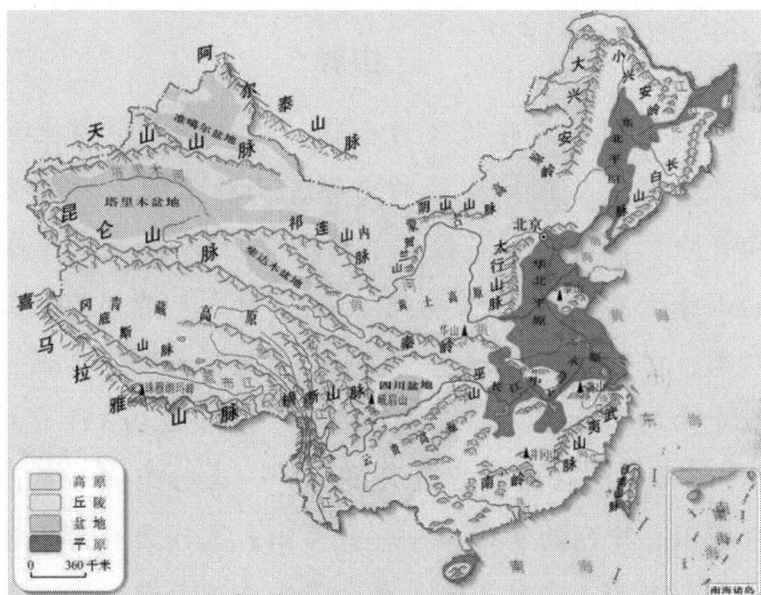

中国地形图

中国地形多种多样，其中山地约占全国土地总面积的33%，高原占26%，盆地占19%，平原占12%，丘陵占10%。

主要地形区如下：

五种地形类型的比重

山脉

  山地延伸成脉状即为山脉。山脉构成中国地形的骨架，常常是不同地形区的分界，山脉延伸的方向称作走向，中国山脉的分布按其走向可分为5种情况，东西走向的山脉主要有3列（主要包括5条山脉）：北列为天山——阴山；中列为昆仑山——秦岭；南列为南岭。东北——西南走向的山脉多分布在中国东部，主要也有3列（主要包括7条山脉）：西列为大兴安岭——太行山——巫山——雪峰山；中列为长白山——武夷山；东列为台湾山脉。西北——东南走向的山脉主要分布在中国西部，著名山脉有两条：阿尔泰山和祁连山。南北走向的山脉主要有两条，分布在西南和西北，分别是横断山脉和贺兰山脉。弧形山系由几条并列的山脉组成，由基本上东西走向转为南北走向而与横断山脉相接，其中最著名的山脉为喜马拉雅山，分布在中国与印度、尼泊尔等国边界上，绵延2400多千米，平均海拔6000米，其主峰珠穆朗玛峰，海拔为8844.43米，是世界最高峰。

南北纵向山脉，巫山

东西横向山脉，秦岭

西北东南向山脉，祁连山

弧形山脉，喜马拉雅山

高原

中国有四大高原，分别是青藏高原、内蒙古高原、云贵高原、黄土高原，集中分布在地势第一、二级阶梯上。由于高度、位置、成因和受外力侵蚀作用不同，高原的外貌特征各异。

"风吹草地见牛羊"的内蒙古高原

千沟万壑的黄土高原

盆地

中国地势最低的地方：吐鲁番盆地

吐鲁番盆地的葡萄园

中国第一大平原：东北平原，肥沃的黑土地

中国有四大盆地，分别是塔里木盆地、准格尔盆地、柴达木盆地、四川盆地。除柴达木盆地位于第一阶梯上，其他都分布在地势的第二级阶梯上，由于所在位置不同，其特点也不相同。此外，著名的吐鲁番盆地也分布在地势第二级阶梯上，它是中国地势最低的盆地（－155米）。

平原

中国有三大平原，分别是东北平原、华北平原、长江中下游平原，分布在中国东部地势第三级阶梯上。由于位置、成因、气候条件等各不相同，在地形上也各具特色。以上三大平原南北相连，土壤肥沃，是中国最重要的农耕区。除此以外，中国还有成都平原、汾渭平原、珠江三角洲、台湾西部平原等，它们也都是重要的农耕区。

丘陵

东南丘陵上美丽的梯田

山东丘陵上的苹果

辽东丘陵上的落叶林

中国有三大丘陵，分别是辽东丘陵、山东丘陵、东南丘陵，都分布在第三级阶梯上。

生活出真知

诗词中的地理

一、与中国地势有关的诗词

请君试问东流水，别意与之谁短长？

——唐·李白《金陵酒肆留别》

大江东去，浪淘尽，千古风流人物。

——宋·苏轼《赤壁怀古》

滚滚长江东逝水，浪花淘尽英雄。

——明·杨慎《临江仙》

"人往高处走，水往低处流"，通过水流流向的变化，能够反映出地势的变化。以上各诗句中"东"皆有"向东"之意，江河向东流，说明东边地势低，西边地势高，从而得出我国西高东低的地势特点。

二、与山脉有关的诗句

但使龙城飞将在，不教胡马度阴山。

——唐·王昌龄《出塞》

云横秦岭家何在，雪拥蓝关马不前。

——唐·韩愈《左迁至蓝关示侄孙湘》

欲渡黄河冰塞川，将登太行雪满山。

——唐·李白《行路难》

我国是一个多山的国家，一条条高大的山脉，绵延横亘在祖国大地上，构成了我国地形的基本骨架。古时，山脉往往是保家卫国的重要屏障，许多重要战事的发生地都和山脉有关，忧国忧民的有志之士常把满腔的抱负寄托在青山之中；现在，山脉常成为重要的旅游地，天蓝、地绿、水清、气爽、人美，让游人游在其中，乐在其中，借山脉抒发一番感慨。

三、与天气有关的诗词

忽如一夜春风来，千树万树梨花开。

——唐·岑参《白雪歌送武判官归京》

夜来风雨声，花落知多少。

——唐·孟浩然《春晓》

随风潜入夜，润物细无声。

——唐·杜甫《春夜喜雨》

天气是指一个地方短时间阴晴、风雨、冷热等大气状况。天气与人的心情有关。酷热使人心情烦躁；潮湿的雨天使人心情忧郁和情绪低落；平均气温在21℃—23℃，略有风的天气为最理想的天气，使人的体力和情绪都保持在良好的状态。古人多用风雨描写场景，或是抒发某种心情。

四、中国的人口和民族

小风铃探究

中国自古以来就被人们认为是个地大物博的国家，但你是否知道中国还是一个多民族的人口泱泱大国？在这九百六十万平方公里的陆地国土上，到底分布着多少人口和民族呢？他们又会对我国的经济社会发展及环境产生什么重要影响呢？

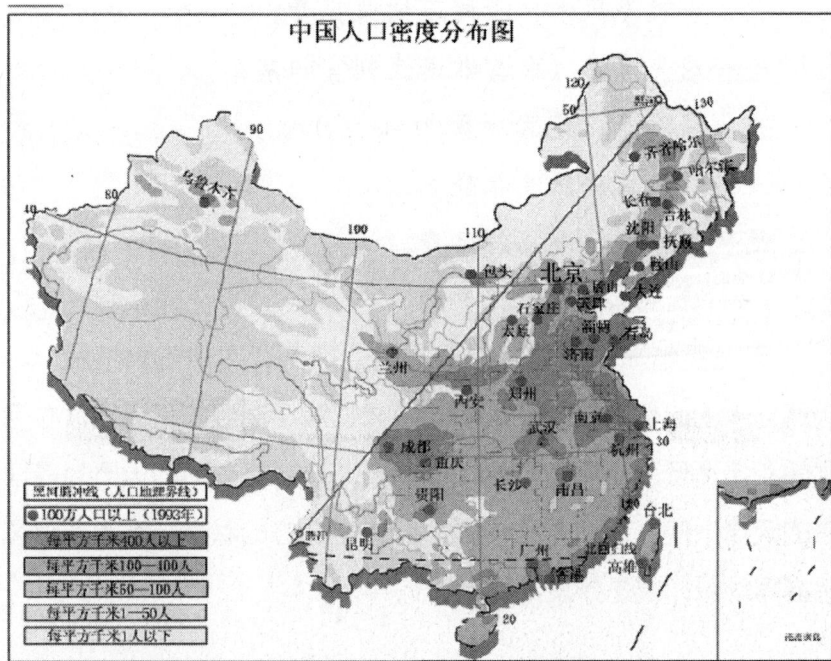

中国人口密度分布图

拥挤的地铁　　　　　　　　人山人海的车站

中国是世界上人口最多的国家。2011年，在中国内地居住着将近14亿人口(不包括香港特别行政区、澳门特别行政区和台湾省)，约占世界总人口的19%，相当于欧洲、澳洲、非洲、北美洲、中美洲的人口总数。

中国每平方公里平均人口密度为130人，且分布很不均衡：东部沿海地区人口密集，每平方公里超过400人；中部地区每平方公里为200多人；而西部高原地区人口稀少，每平方公里不足10人。

黑龙江的黑河至云南的腾冲一线是中国人口分布最显著的分界线，人口密度线东南：面积占43%，人口占94%。

维吾尔族　　　　苗族　　　　傣族　　　　藏族

中国不仅有着众多的人口，还有着众多的民族。有首歌唱得好"五十六个星座五十六只花，五十六族兄弟姐妹是一家，五十六种语言汇成一句话，爱我中华爱我中华爱我中华……"，它歌唱了中国是由五十六个民族构成的团结繁荣的大家庭。在中国五十六个民族中，汉族人口最多，占人口总数的90%以上，其他都是少数民族。少数民族主要以"大杂居小聚居"的形式分布在全国各地。

中国少数民族分布图

智慧卡片

中国严峻的人口形势

2011年底，中国第六次人口普查工作全部结束，中国的人口已达13.39亿。虽然自1970年代末实行计划生育以来，人口数量得到基本控制，但是由于庞大的人口基数，中国的人口还处于严峻的形势当中。据统计，在中国每天出生的婴儿数达3万，差不多每小时出生1200人，每分钟出生20人。庞大的人口基数导致中国每年净增人口约1000万。

考考你

你知道中国人口分布为什么东南多西北少吗？这与东西部的自然环境是否有着密切的联系？我国的这种人口分布状况对我国社会经济发展和人们的衣食住行又有什么影响呢？

五、中国行政区名称缘由

小风铃探究

在日常生活、学习和工作中，我们经常会接触到省级行政区划单位的名称。你知道这些名称的由来吗？了解一下它们的由来，也许能增加我们对省区区域地理知识的理解，更能加深我们对这些名称的记忆。

四大直辖市名称由来

北京

战国时期称蓟，是"战国七雄"之一——燕国的京城。辽国称燕京。金国改称京都。元朝称大都。明朝朱元璋改称北平，永乐帝朱棣改北平为北京。1930年改北平市。1949年10月1日中华人民共和国成立，复称北京。

天津

唐宋以前，天津称为直沽。金代形成集市称"直沽寨"。元代设津海镇，这是天津建城的开始。明朝永乐二年(公元1404年)，在天津设卫，"卫"是明朝的一种军事建制，天津共设三卫，驻军1.6万多人。于是，人们又把天津叫做天津卫，取"天子渡津之地"之意。设卫就要筑城，天津作为一个完整意义的城市历史由此开始。1949年设为直辖市。

上海

古时，上海地区的渔民发明了一种竹编的捕鱼工具"扈"，当时还没有上海这一地名，因此，这一带被谐音称为"沪渎"，故上海简称"沪"。上海之称始于宋代，当时上海已成为我国的一个新兴贸易港口，那时的上海地区有十八大浦，其中一条叫上海浦，它的西岸设有上海镇。1292年，上海改镇为县。这就是上海这一名称的由来。1949年，上海设为直辖市。春秋战国时，上海是楚春申君黄歇封邑的一部分，故上海别称"申"。

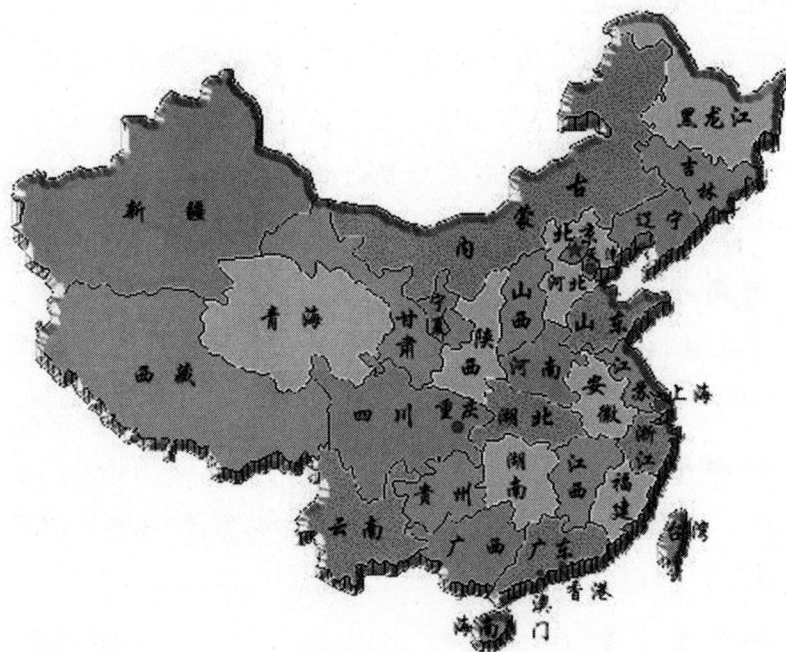

中国行政划区图

重庆

重庆古称"巴",隋时,嘉陵江称渝水,重庆因位于嘉陵江畔而置渝州,故重庆简称"渝"。秦时称江州,隋称渝州,北宋称恭州,重庆之名始于1190年,因南宋光宗赵敦先封恭王,后登帝位,遂将恭州升为重庆府,取"双重喜庆"之意。1997年,重庆设为直辖市。

部分省区名称由来

黑龙江省（黑）

由黑龙江而得名。因为江水呈黑绿色,蜿蜒地流着像条游龙。

辽宁省（辽）

由于它在辽河流域,以辽河流域永久安宁得名。

河北省（冀）

以在黄河之北而得名。唐朝时黄河以北,太行山以东地区为河北道,为河北得名的开始。

河南省（豫）

以在黄河之南而得名,因为古代属豫州地区,所以简称"豫"。古称黄河以南地区为河南。

山西省（晋）

以在太行山之西而得名,辖区为春秋时晋国地,故简称"晋"。

山东省（鲁）

以在太行山之东而得名，辖区为春秋时鲁国地，故简称"鲁"。

湖南省（湘）

以在洞庭湖之南而得名，因湘江纵贯全省，故简称"湘"。

浙江省（浙）

江即江流盘回曲折之意，战国时浙江指今天的富春江、钱塘江和新安江，因而以浙江(又称钱塘江)得名。

安徽省（皖）

1667年，取当时的政治中心安庆(今安庆市)和经济都会徽州(今歙县)二府首字组成安徽省，安庆府是春秋时皖国故地，别称为皖，故安徽简称"皖"。

眼镜爷爷来揭秘

特别的行政区

①跨纬度最广的是海南省；跨经度最广的是内蒙古自治区。

②地处纬度最高的是黑龙江省；地处纬度最低的是海南省。

③少数民族数目最多的是云南省；大陆海岸线最长的是广东省；沿海岛屿最多的是浙江省。

④全部处于热带的是海南省。

⑤邻国最多的是新疆维吾尔自治区；邻省最多的是内蒙古自治区、陕西省。

⑥面积最大的是新疆维吾尔自治区；面积最小的是澳门特别行政区。

⑦人口最多的是河南省；人口最少的是澳门特别行政区。

⑧同时濒临黄、渤海的是辽宁省、山东省。

⑨北回归线自西向东穿过的是云南省、广西壮族自治区、广东省、台湾省。

第二章　纵横千里试比高

智慧导航

　　纵横千里的山脉，高耸入云的险峰，舒展平缓的低丘，妆点着祖国的大地。大自然的伟力，造就了这些巍峨连绵的山地。亿万年来的风吹雨打、冰封雪压、江海冲刷

和火山喷发、山崩地裂，使得这些山岳如被刀削斧劈，处处有奇峰异洞、流泉飞瀑，真是千姿百态，气象万千。

一、天下第一奇山——黄山

小风铃探究

中国著名地理学家徐霞客先生在游历黄山时曾说道"五岳归来不看山，黄山归来不看岳"，如果说中国有一座山峰能集五岳韵味之大成，那恐怕只能是有"天下第一奇山"之称的黄山了。黄山的奇，奇在何处呢？

眼镜爷爷来揭秘

黄山山脉，位于安徽省东南部，东起绩溪县的大嶂山，西接黟县的羊栈岭，北起太平湖，南临徽州山区，是中国著名风景区之一，世界游览胜地。具体位于东经118°1′，北纬30°1′，南北长约40公里，东西宽约30公里，面积约1200平方公里，其中精粹风景区154平方公里。黄山的松、石、海、泉、峰、溪、瀑、湖，无一不奇，无一不秀，数之不尽的胜景，看之不完的奇观。黄山以"奇松、怪石、云海、温泉"而名冠天下，被世人亲切地称为"黄山四绝"。

下面将带领大家领略黄山的绝处。

黄山之一绝——奇松

黄山绵延数百里，千峰万壑，比比皆松。黄山松，它分布于海拔800米以上高山，以石为母，顽强地扎根于巨岩裂隙。黄山松针叶粗短，苍翠浓密，干曲枝虬，千姿百态。或倚岸挺拔，或独立峰巅，或倒悬绝壁，或冠平如盖，或尖削似剑。有的循崖度壑，绕石而过；有的穿罅穴缝，破石而出。忽悬、忽横、忽卧、忽起，"无树非松，无石不松，无松不奇"。

迎客松已经成为黄山的标志性景观，其树龄已经达到了1300多年

黄山松是由黄山独特地貌、气候而形成的中国松树的

长在悬崖峭壁上的黄山松

一种变体。黄山松一般生长在海拔800米以上的地方，通常是黄山北坡在1500—1700米处，南坡在1000—1600米处。黄山松的千姿百态和黄山自然环境有着很大的关系。黄山松的种子能够被风送到花岗岩的裂缝中去，以无坚不摧、有缝即入的钻劲，在那里发芽、生根、成长。黄山泥土稀少，但花岗岩中肉红色的长石中含有钾，夏天雷雨后空气中的氮气变成氮盐，可以被岩层和泥土吸收，进而为松树的根系吸收；松树的根系不断分泌一种有机酸，能慢慢溶解岩石，把岩石中的矿物盐类分解出来为己所用；花草、树叶等植物腐烂后，也分解成肥料；这样黄山松便在贫瘠的岩缝中存活、成长。地势崎岖不平，悬崖峭壁纵横堆叠，黄山松无法垂直生长，只能弯弯曲曲地甚至朝下生长。由于要抗暴风御冰霜，黄山松的针叶短粗，冠平如削，色绿深沉，树干和树枝也极坚韧，极富弹性。黄山松的另一特点是，由于风吹日晒，许多松树只在一边长出树枝。黄山松姿态坚韧傲然，美丽奇特，但生长的环境十分艰苦，因而生长速度异常缓慢，一棵高不盈丈的黄山松，往往树龄上百年，甚至数千年；根部常常比树干长几倍、几十倍，由于根部很深，黄山松能坚强地立于岩石之上，虽历风霜雨雪却依然永葆青春。

黄山迎客松

黄山迎客松

黄山蒲团松

黄山蒲团松

最著名的黄山松有：迎客松（位于玉屏楼的石狮前

面）；送客松（位于玉屏楼的右边）；蒲团松（位于莲花溪谷）；凤凰松（位于天海）；棋盘松（位于平田石桥）；接引松（位于始信峰）；麒麟松（位于北海宾馆和清凉台之间）；黑虎松（位于北海宾馆和始信峰之间）；探海松和叫舞松（位于天都峰的鲫鱼背旁边）——这就是黄山的十大名松。过去还曾有人编了《名松谱》，收录了许多黄山松，可以数出名字的松树成百上千，每颗都独具美丽、优雅的风格。

黄山之二绝——怪石

黄山"四绝"之一的怪石，以奇取胜，以多著称。已被命名的怪石有120多处。其形态可谓千奇百怪，令人叫绝。似人似物，似鸟似兽，情态各异，形象逼真。黄山怪

黄山怪石，老僧采药　　　　　黄山怪石，仙人指路

黄山怪石，鸟　　　　　黄山怪石，飞来石

石从不同的位置、在不同的天气观看情趣迥异，可谓"横看成岭侧成峰，远近高低各不同"。其分布可谓遍及峰壑巅坡，或兀立峰顶或戏逗坡缘，或与松结伴，构成了一幅天然山石画卷。

黄山千岩万壑，几乎每座山峰上都有灵幻奇巧的怪石，黄山石"怪"就怪在从不同角度看，就有不同的形状。站在半山寺前望天都峰上的一块大石头，形如大公鸡展翅啼鸣，故名"金鸡叫天门"，但登上龙蟠坡回首再看，这只一唱天下白的雄鸡却仿佛摇身一变，变成了五位长袍飘飘、扶肩携手的老人，被改冠以"五老上天都"之名。黄山峰海，无处不石、无石不松、无松不奇。奇松怪石，往往相映成趣，位于北海的梦笔生花、"喜鹊登梅"（仙人指路）、老僧采药、苏武牧羊、飞来石等，据说黄山有名可数的石头就达1200多块，大都是三分形象、七分想象，从人的心理移情于石，使一块冥顽不灵的石头凭空有了精灵跳脱的生命。欣赏时不妨充分调动自己的主观创造力，可获更高的审美享受。

黄山之三绝——云海

自古黄山云成海，黄山是云雾之乡，以峰为体，以云为衣，其瑰丽壮观的"云海"以美、胜、奇、幻享誉古今，一年四季皆可观、尤以冬季景最佳。依云海分布方位，全山有东海、南海、西海、北海和天海；而登莲花峰、天都峰、光明顶则可尽收诸海于眼底，领略"海到尽头天是岸，山登绝顶我为峰"之境地。

大凡高山，可以见到云海，但是黄山的云海更有其特色，奇峰怪石和古松隐现云海之中，就更增加了美感。黄山一年之中有云雾的天气达200多天，水汽升腾或雨后雾气未消，就会形成云海，波澜壮阔，一望无边，黄山大小山峰、千沟万壑都淹没在云涛雪浪里，天都峰、光明顶也就成了浩瀚云海中的孤岛。阳光照耀，云更白，松更翠，石更奇。流云散落在诸峰之间，云来雾去，变化莫测。风平浪静时，云海一铺万顷，波平如镜，映出山影如画，远处天高海阔，峰头似扁舟轻摇，近处仿佛触手可及，不禁想

黄山云海

深秋时节，黄山云海上的红树

掬起一捧云来感受它的温柔质感。忽而，风起云涌，波涛滚滚，奔涌如潮，浩浩荡荡，更有飞流直泻，白浪排空，惊涛拍岸，似千军万马席卷群峰。待到微风轻拂，四方云漫，涓涓细流，从群峰之间穿隙而过；云海渐散，清淡

黄山云海日出

处，一线阳光洒金绘彩，浓重处，升腾跌宕稍纵即逝。云海日出，日落云海，万道霞光，绚丽缤纷。

红树铺云，成片的红叶浮在云海之上，这是黄山深秋罕见的奇景。北海双剪峰，当云海经过时为两侧的山峰约束，从两峰之间流出，向下倾泻，如大河奔腾，又似白色的壶口瀑布，轻柔与静谧之中可以感受到暗流涌动和奔流不息的力量，是黄山的又一奇景。

玉屏楼观南海，清凉台望北海，排云亭看西海，白鹅岭赏东海，鳌鱼峰眺天海。由于山谷地形的原因，有时西海云遮雾罩，白鹅岭上却青烟缥缈，道道金光染出层层彩叶，北海竟晴空万里，人们为云海美景而上下奔波，谓之"赶海"。

黄山之四绝——温泉

黄山"四绝"之一的温泉（古称汤泉），源出海拔850米的紫云峰下，水质以含重碳酸为主，可饮可浴。传说轩辕黄帝就是在此沐浴七七四十九日得以返老还童、羽化飞升的，故又

清澈的黄山温泉

被誉为"灵泉"。

黄山温泉由紫云峰下喷涌而出,与桃花峰隔溪相望,是经游黄山大门进入黄山的第一站。温泉每天的出水量约400吨左右,常年不息,水温常年在42℃左右,属高山温泉。黄山温泉对消化、神经、心血管、新陈代谢、运动等系统的某些病症,尤其是皮肤病,均有一定的功效。

考考你

在我们的日常生活中,当我们在谈论我国的名山大川时,也许听到最多的就是"三山五岳"。你知道"三山五岳"是指哪些山脉和山峰吗?它们位于中国哪些省份?它们分别以什么闻名于世呢?

二、五岳独尊——泰山

在中国所有的名山里头,最有名气的怕是只有泰山了。从古至今,贵为"五岳"之首的东岳泰山在世人心中早就不是一座山了,它早已化成千古名句或民间谚语,成为中华民族的精神象征。

小风铃探究

上至圣人孔子的"登泰山而小天下"的赞叹，下至大诗人杜甫的"会当凌绝顶，一览众山小"的千古绝唱，到现在的"人固有一死，或重于泰山，或轻于鸿毛"的伟大人生价值观以及"稳如泰山"和"泰山石敢当"的良好心态和勇敢气魄，我们赋予了泰山太多的精神和文化内涵。为何泰山在国人心中占据如此大的分量而成为我们内心不可动摇的五岳独尊呢？

眼镜爷爷来揭秘

泰山独特在哪？

泰山，位于中国北部山东省中部泰安市之北，海拔1532.7米，气势雄伟磅礴，享有"五岳之首"、"天下第一山"的称号。1982年被国务院列为重点风景名胜区；1987年成为中国首个被联合国教科文组织列入的世界自然与文化遗产；2002年，被评为"中华十大文化名山"之首。通天拔地，气势恢宏。泰山，承载着中国丰厚的地理历史文化内涵：在地理上，它是华北平原上生态葱郁的巍巍巨人；在历史上，它是中国历代帝王登山封禅、遣官告祭的国事重地；在文化上，它更是各朝文人墨客、名家学者争相瞻仰、顶礼膜拜的心灵圣地。

气势雄伟的泰山

东岳为首

　　泰山之所以自古以来就受到国人的追捧、尊敬，成为五岳之首，这与泰山独特的地理位置和地理形态和中国东方儒家文化观念是分不开的。从地理上来讲，泰山突兀而立于华北大平原东侧的齐鲁古国，东临浩波无涯的大海，西靠源远流长、奔流到海不复回的黄河，南有汶、泗、淮之水。纵览东部沿海广大区域，

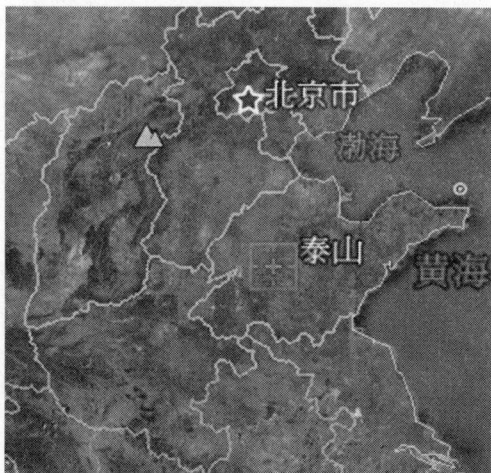

泰山的地理位置

41

泰山居高临下、凌驾于齐鲁丘群之上，真正成了茫茫原野上的"东天一柱"。这样，古人们便有了泰山为天下之中心的感觉。泰山周围气候温润，土地肥沃，成为古人类繁衍生息的中心地带及古文化的重要发源地。几千年来，这里一直是东方政治、经济、文化的中心。夏初，禹曾分九州，其中冀、豫、青、兖、徐五州均在此；战国七雄时，这里有六国之都，泰山成了东方文明的代表，伟大而庄重的象征。泰山地貌分为冲洪积台地、剥蚀堆积丘陵、构造剥蚀低山和侵蚀构造中低山四大类型，在空间形象上，由低而高，造成层峦叠嶂、凌空高耸的巍峨之势，形成多种地形群体组合的地貌景观。泰山位于华北大平原的南北通道与黄河中下游的东西通道交叉枢纽之侧，这一独特的地理位置对泰山影响的扩大及其文化的弘扬，起了极为重要的作用。从文化上来讲，泰山靠近京城和儒家文化发源地曲阜，更加提升了泰山在国人心中的地位。另外，在中国人的思想观念里，东方为万物交替、初春发生之地。综合以上所有原因，泰山就有"五岳之首"的美誉了。

雄伟泰山

泰山风景以壮丽著称。重叠的山势，厚重的形体，苍松巨石的烘托，云烟的变化，使它在雄浑中兼有明丽，静穆中透着神奇。泰山拥有丰富的自然遗产。主要景观包括南天门、碧霞祠、日观峰、经石、黑龙潭等。

泰山日出是岱顶奇观之一，也是泰山的重要标志，每

当云雾弥漫的清晨或傍晚，游人站在较高的山头上顺光看，就可能看到缥缈的雾幕上，呈现出一个内蓝外红

泰山日出

的彩色光环，将整个人影或头影映在里面，好像佛像头上方五彩斑斓的光环，所以被称为"佛光"或"宝光"。泰山佛光是一种光的衍射现象，它的出现是有条件的。据记载，泰山佛光大多出现在每年6～8月份的半晴半雾的天气，而且是太阳斜照的时候。

黑龙潭

南天门

泰山还以石刻众多而闻名天下，这些石刻有的是帝王亲自提写的，有的出自名流之手，大都文辞优美，书体高

雅，制作精巧。泰山现存石刻有1696处，分为摩崖石刻和碑刻，既是记载泰山历史的重要资料，又是泰山风景中的精彩去处之一。

泰山石刻，"高山流水"和"五岳独尊"

文化泰山

在人类历史上，人们大多都有着"恋山"的"情结"，这是世界性的。登山即登天。人们无不期望通过登山的途径，实现潜意识里登天的心灵诉求和美好憧憬。在封建社会里，大凡帝王都会自命为"天子"，是受命于天的。而要祭天，最庄严、最神圣的仪式，就是到泰山去封禅，因为在人们的心目中，泰山是最高最大的山，是万物始生之地。秦始皇一统天下，成为中国历史上第一个中央集权的封建帝王。即位后的第一件大事，就是泰山封禅。雄才大略的汉武帝，则把封禅作为治国安邦、修身养性的第一要务，前后八次登封泰山。汉文帝、汉章帝、汉安帝、隋文帝、唐高宗、武则天、唐玄宗、宋真宗、清康熙、清乾隆等，都以不同的形式祭祀过泰山。泰山封禅意味着受命于天，昭示着国家统一，彰显着国泰民安，因此，历代帝王莫不竞相效仿。泰山封禅这一"旷世大典"，在中国执著地演绎了数千年。因此，也就形成了泰山在世界上独一无二的封禅祭祀文化，或曰帝王文化。

岱庙，旧称东岳庙，又叫泰庙，主祀"东岳泰山之神"，是古代帝王来泰山封禅告祭时居住和举行大典的地方

"登泰山而小天下"，已是人们耳熟能详的名言。这不仅仅是孔子一次登高望远的经历，而是泰山启迪了这位文化的巨人，站在一个文化的高峰，对文化空间的一种俯视。故云："泰山是岳中之孔子，孔子是圣中之泰山。"泰山是精神和文艺的源泉。诗圣杜甫，正是以一首《望岳》，跻身于唐诗之顶峰。"一览众山小"，成为仁者乐山的绝唱。而诗仙李白"天门一长啸，万里清风来"的千古佳句，则给泰山平添了智者乐水的空灵。

文化的泰山，印证着文化的神圣。

泰山，中华民族精神的家园。在中国乃至世界，还没有一座山像泰山一样，在数千年持续不断的历史发展中，始终维系着一个古老民族"国泰民安"的信念与对"和平"、"统一"的企盼。泰山，已成为一种象征。在人们生生不息的活动中，泰山一直都寄托着每一个炎黄子孙对生活"和谐"、"平安"的期盼与向往。泰山，是和平的承诺，和谐的保证。在她的伟岸身躯默默的保护下，无论你在何时何地，都会感觉到来自泰山的力量，听到她一声平安的祝福！

小故事大智慧

神话故事：碧霞祠为何没有树

从前，佛、道两教都想发展自己的势力，都要在中国的名山顶上建起自己的寺院。有一天，如来佛驾着祥云四处观看，发现泰山风景很好，便把随身带来的木鱼埋在山顶，作为占据这座山头的凭据。回去后就传谕佛门弟子，让他们分头化缘，在泰山顶上修建佛寺。如来佛走了不久，碧霞元君也驾着彩云来到泰山，同样也相中了泰山优美的风景，便脱下一只绣鞋，想埋在山顶上作个标记。可是她一掘开土层，就发现了那只木鱼。碧霞元君一怔，猜出是佛祖占山所用的证物。她想了一想，随即又往下深挖了几寸，埋下了自己的绣鞋。然后铺上一层土，压得结结实实的，再把木鱼照原样埋好，便匆匆回去传谕道教门徒，叫他们火速四处募化，抢先在泰山顶上建道观。

佛门弟子虽然出动在先，奈何道教门徒行动迅速。他们两家凑巧在同一天筹足资金，都带着工匠，驮运着木石材料上山来了。两家都要在山顶建庙，争执不下，就分别请来了道长和佛祖。一仙一佛问好道安之后，便开始谈判。如来佛说自己有埋下的木鱼为凭，碧霞元君说自己有埋下的绣鞋作证。争来争去，便商定谁的凭证埋在下面便证明是谁先来。先者为赢；后者为输，谁也不许反悔。于是两家一齐动手，结果先刨出木鱼，后刨出绣鞋，如来佛只好认输。他刚刚腾云欲去，猛然悟出自己是上了碧霞元君的当，可是已经无法反悔，气得他指着碧霞元君说："你这个丫头片子，看我晒死你！"说完，袖子一拂，刮起一阵狂风，把泰山顶上的大树都连根卷起，吹落到山下。从此，泰山顶上就再也看不见大树，害得碧霞元君住在山顶上，连棵乘凉躲躲太阳的树木也找不到了！

三、奇险天下第一山——华山

小风铃探究

五岳之中，西岳华山自古以来就以险著称，素有"奇险天下第一山"的美誉，数千年来，游人不绝，盛名不衰。华山的险，险在何处呢？华山又有哪些险处让你只能仰望而不能攀登呢？

眼镜爷爷来揭秘

天下第一险山：华山

华山是我国著名的五岳之一，海拔1997米，在五岳中居于第二位，位于陕西省西安以东120公里的华阴县境内，北临坦荡的渭河平原和咆哮的黄河，南依秦岭，是秦岭支脉分水脊北侧的一座花岗岩山。凭借大自然风云变幻的装扮，华山的千姿万态被有声有色地勾画出来，是国家级风景名胜区。在五岳之中，华山以险著称，登山之路蜿蜒曲折，长达12公里，到处都是悬崖绝壁，所以有"自古华山一条道"之说。华山五峰中又以东峰（朝阳）、西峰（莲花）、南峰（落雁）三峰较高：东峰是凌晨观日出的佳处；西峰的东西两侧状如莲花，是华山最秀奇的山峰；南峰落雁是华山最高峰。三峰以下还有中峰（玉女）和北峰（云台）两峰。玉女峰相传曾有玉女乘白马入山间。云台峰顶平坦如云中之台，著名的"智取华山"的故事就发生在这里。

华山第一险——千尺幢

华山第一险境"千尺幢"，幢壁直立，其间仅容二人上下穿行，坡度为70度。从上到下共有370多个台阶，皆不满足宽。登山时向上仰视，一线天开。下山时比上山时更险，如临深井。"千尺幢"顶端，有一个仅容一人的石洞，因为当人们爬上最后一个石级时，便可从洞中钻出，故而此洞名叫"天井"，"天井"上有一平台，台上刻写的"太华咽喉"，形象地说明了这里的路形如人的咽喉食管，既窄又突出且长。"天井"口为"太华咽喉"中段，若从此堵住，上下就会绝路。每年阴历三、四月是朝山的旺季，这里经常发生"绣

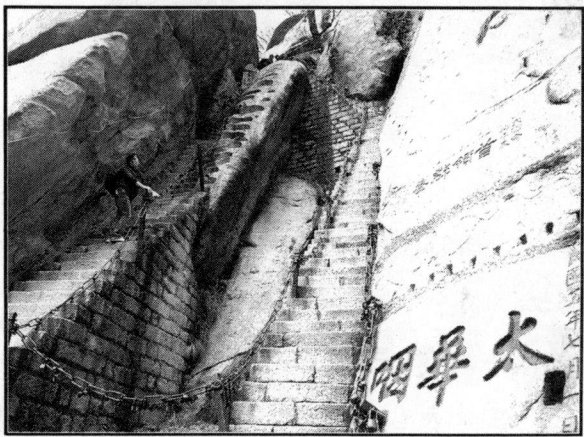
华山第一险境——千尺幢

幢"事件。1985年在千尺幢、百尺峡处，又各开辟了一条复道，分别为上行道和下行道。

华山第二险——百尺峡

千尺幢向北折即到"百尺峡"，它是登华山的第二个

老大爷在百尺峡上艰难地行走

险境。"百尺峡"也叫"百丈崖"，乃是一处危石耸峙、直插云表、令人望而生畏的地方。峡的两壁几乎就要紧贴在一起，中间却被两块石块撑开，人从石头下钻过，胆战心惊，生怕石块从两壁间掉下来，这就是"惊心石"。通过惊心石，悬着的心才放下来，再回头看原来是上大下小卡着的两块石头，所以能安然无恙，后边的这颗石头被称之为"平心石"。所以韩愈诗中有"愕然神功就，杀气见棱角"的描写。

华山第三险——长空栈道

在升表台西侧，穿过石门楼，便是华山最险之景——长空栈道。此道开凿在南峰腰间，上下皆悬崖绝壁，铁索横悬，上有条石搭成极窄的路面，下由石桩固定。由于栈道险峻，所以当地人有这样的说法"小心小心，九厘三分，要寻尸首，洛南商州"。这里并非登山者的必经之路，所以，石壁上刻有不少警告之语，如："悬崖勒马"、"云开溢荡"等。

长空栈道是元代陇西贺元希来华山时所凿。凿洞必先开道，所以这里的一切，全是这位开山元勋和他的徒弟们干出来的。他在华山用于开道、凿山洞的时间是40年。所以，后人才把他尊为华山一位神来供奉，并有许多神话故事流传。今天我们登

近乎垂直角度的长空栈道

上华山之巅时，有些险道连登都不敢登，可见贺元希当初开道、凿洞是何等的艰辛了。解放后，此处几经修整，虽较安全，但仍不失"华山第一险道"之名。

华山第四险——北峰

海拔1500米的云台峰，因位于华岳东北，故称北峰。此峰山势峥嵘，三面悬绝，只有一条山岭通向南面，形势十分险要，是易守难攻之地；巍然独秀，有若云状，恰似一座云台，故又名"云台峰"。"智取华山"的故事就发生在这里，1949年，国民党残部想借华山北峰之险负隅顽抗，解放军在老乡指点下，用竹竿和绳子从绝境处登上北

峰，从而全歼华山守敌。

三面悬崖绝壁的华山北峰

智斗赛诸葛

　　自古以来华山一条道，但如今华山远远不止一条道，除了天然的过道，还有好多人造石道、索道，人们对此反应不一。你是怎么看的呢？

我赞成在华山人工开凿过道，人工索道是一种现代技术，可以减轻人们的旅途疲劳。

人工开凿过道，是一种双赢。既能充分开发资源，又能减轻游客负担，让其欣赏更美的美景。

我坚决反对华山开凿人工过道，这严重破坏了华山的自然之险和生态和谐。

人工开凿过道，是一种高收益的投资，能增多游人量。我赞成。

我喜欢探险，华山开凿过道就不好玩了。

四、世界屋脊——喜马拉雅山脉

喜马拉雅，这个美丽动人的名字来源于印度梵文，意为冰雪的居所，这是因为这里终年为皑皑白雪所盖之故。喜马拉雅山脉像一座巨大的天然屏障，又像一座巨大的银色万里长城，屹立在亚洲的中部。

小风铃探究

在中国的西南边疆，横亘着一条东方巨龙，绵延几千里。这条龙就是喜马拉雅山脉。作为中国乃至世界上最雄伟最庞大的山脉，喜马拉雅山脉为何被世人亲切地称为"世界屋脊"呢？在数万年或者说数百万年数千万年前至今，喜马拉雅山脉又经历着怎样的沧桑巨变呢？

喜马拉雅山之所以被称为"世界屋脊"，是因为它最高部分的平均海拔在6000米以上，群峰争艳。地球上大部分7000米以上的高峰集中于此。据统计，世界上14座8000米以上的高峰就有10余座分布在喜马拉雅山脉之中，它们是：第一高峰珠穆朗玛峰（8844米）；第三高峰干城章嘉峰（8585米）；第四高峰洛子峰（8511米）；第五高峰卡鲁峰（8481米）；第六高峰道拉吉里峰（8172米）；第七高峰库汤山（8156米）；第八高峰乔乌雅峰（8153米）；第九高峰南迦帕尔巴特峰（8125米）；第十高峰安那普那峰（8091米）和第十四高峰希夏邦马峰（8012米）。包括第二高峰乔戈里峰（8611米）在内的其他4座8000米以上的高峰则分布在同喜马拉雅山脉毗邻的喀喇昆仑山中。

在好莱坞的大片《2012》中，有着一段最令人震撼的视觉画面可能令我们印象深刻，那就是"水淹喜马拉雅山"的场面。然而，你是否知道，在数亿乃至数十亿年前，喜马拉雅山脉原本就是一片汪洋。据地质考察证实，早在20亿年前，现在的喜马拉雅山脉的广大地区是一片汪洋大海，称古地中海，它经历了整个漫长的地质时期，一直持续到距今3000万年前的新生代早第三纪末期，那时这个地区的地壳运动，总的趋势是连续下降，在下降过程中，海盆里堆积了厚达30000余米的沉积岩层。到早第三纪末期，地壳发生了一次强烈的造山运动，称为"喜马拉雅运

高耸入云、白雪皑皑的喜马拉雅山脉

动"，使这一地区逐渐隆起，形成了世界上最雄伟的山脉，现在还在缓缓的上升之中。

考考你

在中国广大的西北内陆地区，由于山脉的阻挡和身处内陆的原因，全年降水稀少，终年干旱。试想，如果把喜马拉雅山脉用炸药炸出一个几十公里的大缺口，把来自于印度洋的暖湿气流引向干旱的西北内陆和半干旱的黄土高原地区，从而增加这些地区的全年降水量，你认为这样可行吗？说说你的理由。

第三章　神州气候多奇妙

智慧导航

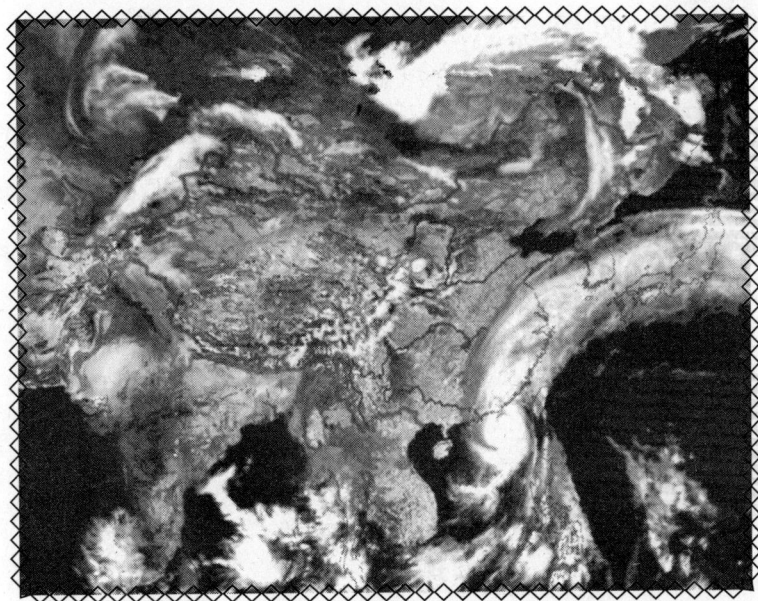

　　气象气候是自然地理中重要的组成元素，在我们生产生活中扮演着重要的角色。我国幅员广阔，气候多样——既有多种多样的温度带，又有多种多样的干湿地区，加上

我国地势高低悬殊，地形多样，更增加了我国气候的复杂多样性。气候的多样让我们一时难以寻觅，有的地方"天无三日晴"，又有地方终年干旱，还有的地方四季如春，让我们一起去了解它们吧！

一、随"季"应变——季风气候

小风铃探究

在我们每天所看到的新闻中，常常能看到我国的某某地发生大旱，人们生活饮水困难；某某地发生洪涝，亟待抢险。你知道为什么水旱灾害一词永远是我们电视屏幕中出现最频繁的词汇吗？它主要是由于什么原因造成的呢？

眼镜爷爷来揭秘

造成我国水旱灾害的罪魁祸首就是我国的季风气候。由于地处欧亚大陆，面对着太平洋特殊的地理位置，我国形成了世界范围最广特征最显著的季风气候。从南到北，有热带季风气候、亚热带季风气候、温带季风气候。

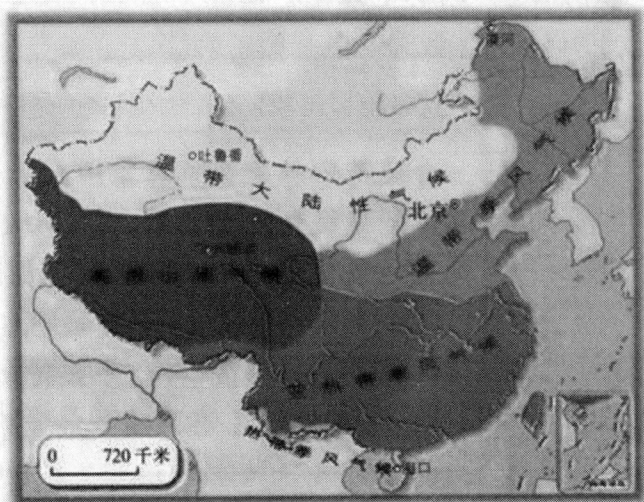

我国的气候类型

　　季风气候一个最显著的特征就是降水随季节而发生变化，夏半年降水多，降水变化大。夏季，大陆温度高海洋温度低，吹的是夏季风，风从海洋吹向陆地，降水丰富；冬季则相反，吹的是冬季风，风从陆地吹向海洋，降水稀少。不仅如此，夏季风每年来的时间和退的时间都不一样，很不稳定，造成季风区的降水很不稳定。夏季风强时，带来的水汽多，降水多，易出现洪涝灾

2010年西南大旱，人们到干涸的池塘取水

洪水来临，淹没房屋

害；夏季风弱时，带来的水汽少，降水少，易出现旱灾。夏季风在南方呆的时间长了，我国就会出现南涝北旱；在南方呆的时间短，北方呆的时间长，就会出现南旱北涝。所以，正是由于这种季风的不稳定性，造成我国注定是个多灾多难的国家。

　　虽然季风气候容易造成大量的水旱灾害，但对农业的发展有着不可比拟的优势。季风气候的高温与多雨时期基本一致，雨热同期，对发展农业十分有利，因为在作物生长旺盛，最需要水分的时候能有充足的雨水供应。季风气候气温年较差大，冬季气温低，可对病虫害的减少起一定作用。

东北水稻：季风气候使得我国能在东北种植水稻

智斗赛诸葛

我国水旱灾害频繁，每年都会对国家经济造成惊人的损失。在这个天灾面前，你有什么好办法可以尽量减少水旱灾害造成的损失吗？

考考你

在我国，季风气候有三种，分别是：热带季风气候、亚热带季风气候、温带季风气候。你知道它们有什么区别吗？

二、霉味十足——梅雨

小风铃探究

天气是人们最关心的话题之一，好天气能使人有个好心情，坏天气也能使人一天的心情不舒畅。你是否知道在中国江淮地区有一种让人心情发霉的天气，它是什么呢？又是怎样形成的呢？

眼镜爷爷来揭秘

　　初夏，江淮流域一带经常出现一段持续较长的阴沉多雨天气。此时，器物易霉，故亦称"霉雨"，简称"霉"；又值江南梅子黄熟之时，故亦称"梅雨"或"黄梅雨"。

　　梅雨时节天空连日阴沉，降水连绵不断，时大时小。所以我国南方流行着这样的谚语："雨打黄梅头，四十五日无日头。"持续连绵的阴雨、温高湿重是梅雨的主要特征。

黄梅时节，阴雨连绵

　　梅雨是怎样形成的呢？实际上梅雨是我国雨带推移的外在表现。一般情况下，每年的六月下旬

梅雨锋面降水示意图

到七月上旬，来自中国北方的冷气团与来自南方的暖气团相遇，彼此势力相当，拉锯而静止地出现在江淮流域，停滞不前，形成长时间的锋面降水。这种长时间的降雨过程就是梅雨的形成过程。

智慧卡片

梅雨对健康的影响

1. 潮湿天气肠胃易"闹事"

2. 湿度大让风湿病有机可乘

3. 黄梅天心情也一起发"霉"

4. 皮肤病忽晴忽雨容易"痒痒"

你还能说说梅雨对农业生产的生长有什么影响吗？

三、海上霸主——台风

小风铃探究

在我们国家所有的灾害性天气中，台风算得上是其中的巨无霸了。你看过影片《超强台风》吗？其中一些惊险的画面是否令你现在仍感到心有余悸？那么台风到底是个什么样的怪物呢？

眼镜爷爷来揭秘

台风一词源自希腊神话中大地之母盖亚之子Typhon，它是一头长着一百个龙头的魔物，传说这头魔物的孩子们就是可怕的大风。后来，这个词传入中国，与广东话ToiFung融合在一起，就成为Typhoon一词了。

实际上，台风是一种强热带气旋，其破坏力巨大，所到之处基本上是一片废墟，是一种灾害性天气。台风经过时，常伴随着大风和暴雨或特大暴雨等强对流天气。狂风、暴雨、风暴潮是台风来临的重要外在表现。

台风来临时的暴雨大风天气

台风引起的海边风暴潮

加强台风的监测和预报是减轻台风灾害的重要措施。对台风的监测主要是利用气象卫星确定台风中心的位置，估计台风强度，监测台风运行的路径。我国目前台风风速预报的误差仅为5米至10米每秒，与美国联合台风监测中心不相上下。

台风预警信号

在我国沿海地区，几乎每年夏秋两季都会或多或少地遭受台风的侵袭，因此而遭受的生命财产损失也不小。作为一种灾害性天气，可以说，提起台风，没有人会对它有好感。然而，凡事都有两重性，台风是给人类带来了灾害，也给人带来了好处。台风不仅能够缓解中国长江中下游的伏旱，还能增加捕鱼产

台风在气象卫星云图上显示

量。每当台风吹袭时翻江倒海，将江海底部的营养物质卷上来，鱼饵增多，吸引鱼群在水面附近聚集，渔获量自然提高。

智慧卡片

台风是怎样命名的？

台风委员会命名表共有140个名字，分别由亚太地区的柬埔寨、中国、朝鲜、中国香港、日本、老挝、中国澳门、马来西亚、密克罗尼西亚联邦、菲律宾、韩国、泰国、美国和越南提供。命名表按顺序命名，循环使用。我国为台风委员会命名表提供了10个名字，分别是：龙王、悟空、玉兔、海燕、风神、海神、杜鹃、电母、海马、海棠。

智斗赛诸葛

工人……

渔民……

学生……

台风来了该怎么办呢？

第四章 数江春水向东流

智慧导航

　　河流是地球生命的重要组成部分，是人类生存和发展的基础，是人类栖息和文明的发源地。我们很难想象，如果陆地上没有河流将是一番什么景象？没有了河流，人们的衣食住行将会是怎样地步履维艰。庆幸的是，在我们中国有着数以万计的大小河流，让我们一起去穿越其中吧！

一、我国河流的主要特点

小风铃探究

河流是地球上流淌的血液，就我国而言，众多的河流无疑为我国注入了活力。你知道与世界其他国家相比，我国众多的河流有什么共同特征吗？

眼镜爷爷来揭秘

中国的领土广阔，地形多样，气候复杂。在这样的条件下发育的河流，与世界同纬度其他国家或面积相当的地区和国家相比，则不尽相同，具有自己的明显特点，到底有哪些特点就要听我慢慢道来了。

河流众多，源远流长

数量多，流程长，是中国河流的突出特点之一。全国流域面积在100平方公里以上的河流有50000余条，1000平方公里以上的河流有1580条，大于1万平方公里的有79条。在世界的十大长河中，长江和黄河分别列第三和第五位。此外，流经或发源于中国的澜沧江（下游是湄公河）、黑龙江，也都在世界最长的十大河流之列（表1）。

中国陆地面积约与欧洲及美国相近，然而大河的数量却远远多于欧洲和美国。甚至面积为中国两倍多的北美洲，长度超过1000公里的大河条数也仅为中国的2/3。如果把中国的天然河流连接起来，总长度达43万公里，可绕地球赤道10圈半。

世界最长的十大河流	
河名	所在大洲
亚马逊河	南美洲
尼罗河	非洲
长江	亚洲
密西西比河	北美洲
黄河	亚洲
拉普拉塔河	南美洲
湄公河	亚洲
刚果河	非洲
黑龙江	亚洲
勒拿河	亚洲

水量丰沛，随季节而变

水量丰沛是中国河流的又一突出特点。平均每年河川径流总量达26000多亿立方米，在世界各国中居第五位。如果把全年的河川径流总量平铺在全国的土地上，将获得一个平均深度为275毫米的水层。

中国河流水量虽然丰沛，但年内分配很不均匀，随着季节的更替而有明显的变化。由于中国面积广大，各地区河流汛期的起讫时间很不一致。

鄱阳湖枯水一线

冬季（12月至次年2月）是中国河川径流最为枯竭的季节，大部分地区冬季水量占全年总水量的10%以下，总的趋势是从南向北递减。夏季（6—8月）是中国河川径流最丰盈的季节。东部季风区夏季由于受东南和西南季风的影响，大部分地区降水量大增，河流水量增大；西部干旱地区由于温度升高，高山冰雪融化，河流水量也大大增加。

鄱阳湖丰水一片

地区差异显著

受降水的地区差异影响，我国河流基本上是东南多西北少。东南部基本上为外流区，西北部基本上为内流区。内流区面积占全国总面积的1/3，河流水量占全国总水量不到5%，而外流区面积占全国总面积的2/3，河流水量却占全国总水量95%以上。

中国内、外流区的分界线大致为：大兴安岭——阴山——贺兰山——祁连山(东端)——巴颜喀拉山——冈底斯山。这条线以东，除鄂尔多斯高原、松嫩平原及雅鲁藏布江南侧的羊卓雍湖一带有面积不大的内流区外，其余全是外流区；这条线以西，除新疆北部的额尔齐斯河流域外都是内流区。

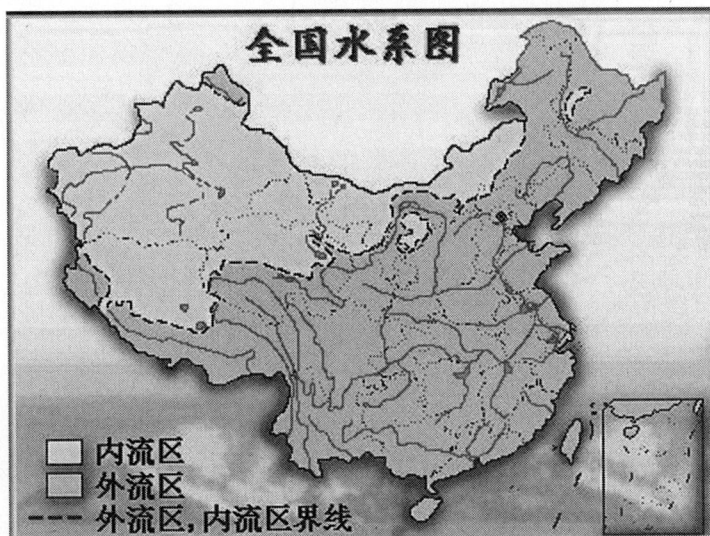

全国水系图

□ 内流区
□ 外流区
--- 外流区，内流区界线

水系类型多样

　　一条干流及其支流组成的河网系统称为水系，如果有湖泊与河流相通，湖泊也应是水系的一部分。水系有各种各样的平面形态，不同的平面形态可以产生不同的水情，尤其对洪水的影响更为明显。水系主要受地形和地质构造的控制。由于中国地形多样，地质构造复杂，因此水系类型也多种多样。

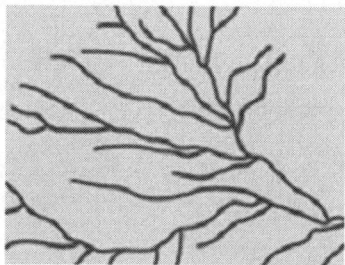

树枝状水系

格子状水系

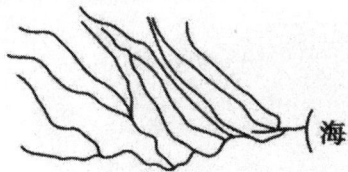

扇形水系

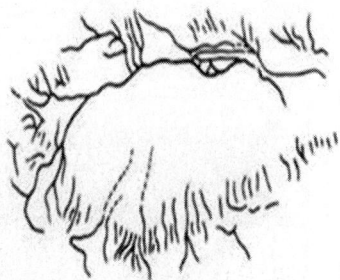

辐合状水系

　　珠江是中国树枝状水系的典型代表。这种水系因支流交错汇入干流，水流先汇入的先泄，后汇入的后泄，因此洪水不易集中，对干流威胁较小。

海河是中国典型的扇形水系。北运河、永定河、大清河、子牙河及南运河等五大支流在天津附近汇合后入海，庞大的支流构成了"扇面"，汇合后的入海河道是短而粗的"扇柄"。这种水系使支流洪水集中，容易发生洪水灾害。

水利资源丰富，经济地位显著

中国是世界上河流水量最多的国家之一，无疑水力资源是极其丰富的。河流的水能资源蕴藏量取决于径流量和两者落差的大小。中国不仅有丰富的河川径流，而且有世界上最高的山脉和高原，许多大河从这里发源后奔腾入海，落差特别大。因此，中国水力蕴藏量特别丰富，约为6.8亿千瓦，居世界首位，相当于美国的5倍多，占全世界水力蕴藏总量的1/10左右。这笔宝贵的天然财富，可使我们千秋万代受用不尽。

葛洲坝水利工程

　　河流是天然的航线，具有运量大、成本低、投资较少等优点。中国河道纵横，水量丰富，具有发展内河航运的优良条件。中国主要的通航河流（长江、珠江、黄河、淮河、松花江等），几乎整个水系都在国内，而且这些大河既伸入内地，又沟通海洋，为河海联运创造了良好条件。

长江航运

智慧卡片

有关河流的一些地理专业术语

水系：一条干流及其支流组成的河网系统

流域：河流的干流和支流所流过的整个区域。

内流河：河水最终不能汇入海洋，或消失在干旱的沙漠之中，或以内陆湖泊作为归宿的河流。

外流河：河水最终能注入海洋的河流。

内流区：内流河的集水区域。

外流区：外流河的集水区域。

时事地理

关注湄公河水危机

湄公河发源于中国青海省，在中国境内叫澜沧江，是亚洲最重要的跨国水系，世界第六、亚洲第三、东南亚第一长河，干流总长4880公里，流域面积81.1万平方公里，流经中国、老挝、缅甸、泰国、柬埔寨和越南，于越南胡志明市流入南海。2010年中国云南以及几乎大半东南亚地区发生百年大旱，湄公河面临着严重的水危机，水量大减甚至断流，流域内的多个国家居民饮水困难。对此各个国家相互指责，特别是对湄公河上游的中国。一些人认为，湄公河流域的干旱、水位下降乃至断流与中国澜沧江大量修建水坝有直接关系，还与云南境内大量砍伐原始森林去种

植素有"林中抽水机"之称的经济林桉树及橡胶有关。对此，你有什么看法？作为国际性的河流，在面临着水资源紧张时，如何做到合理分配呢？

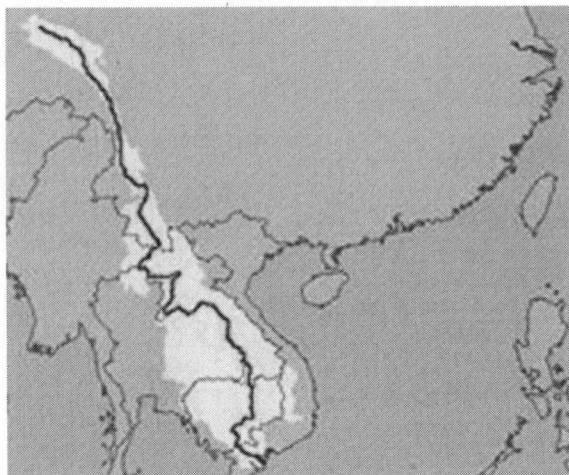

湄公河流域图

二、中国第一大河——长江

小风铃探究

谈到中国的河流，就不得不说到长江了。你知道长江为什么在我国被人们称为第一大河吗？它在我国所有河流当中，又有哪些独特的地位呢？让我们一起了解长江吧！

长江以"长"而得名，它不仅是中国最长的河流，也是世界著名的巨川之一。它像一条银色的巨龙，横卧在中国的中部，从唐古拉山的主峰——格拉丹冬雪山发源，

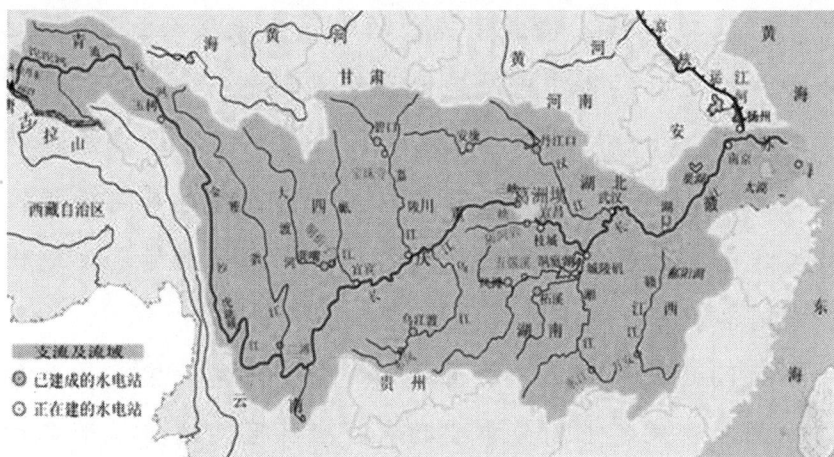

长江流域水系图

流经青藏高原、青海（青）、四川（川）、西藏（藏）、云南（滇）、重庆（渝）、湖北（鄂）、湖南（湘）、江西（赣）、安徽（皖）、江苏（苏）、上海（沪）注入东海。干流流经10个省、市、自治区，全长6300公里，仅次于

长江黄金水道

世界上最大的水电站——三峡水电站

南美洲的亚马逊河和非洲的尼罗河，列为世界第三大河。

　　长江不仅是中国最长的河流，还是中国径流量最大、流域面积最广的河流。长江有数以千计的支流，它们大致呈南、北辐射状，构成了庞大的水系，流域面积达到180万平方公里，约占中国陆地面积的五分之一。不仅如此，长江每年入海流量近1万亿立方米，占全国河流径流量的37%，是黄河的20倍；就连其各大支流都超过黄河的径流量。这么大的径流量和流域面积造就长江的航运和发电排在中国各大河流之首。

　　辽阔的长江流域，资源极为丰富，物华天宝，得天独厚，自古以来是中国最重要的农业经济区。这里地形多种多样，有高山，有丘陵，亦有平原和湖泊。流域内有3.7亿亩肥沃的耕地，占全国总耕地的1/4。粮食产量约占全国总产量的40%，棉花产量占全国产量的1/3。多少世纪以来，人们一直赞誉长江流域的四川盆地是"天府之国"，两湖地区是"鱼米之乡"，太湖地区是"人间天堂"。长江广

长江流域的稻田

长江流域连片的鱼塘

阔的江河湖沼水面是中国的天然鱼仓，这里的淡水鱼产量占全国2/3。

流域内地下宝藏丰富，种类很多，品位又高，如：铜、铝、锌、锑、钨、钴、锡、磷、铁、锰、铅、煤、石油、井盐……应有尽有。大江上下，还有许多重要工业基地和美丽城市。长江像一根银线串珍珠，把干支流上几十个名城重镇，紧密联结在一起。今日长江，以上海为中心的长江三角洲经济区、武汉为中心的华中经济区和重庆为中心的西南经济区为依托，横贯东西带动南北，正在形成支撑中国国民经济走向世界先进行列的战略基地。

长江源头：沱沱河

长江第一峡：虎跳峡

中国最长最完整的峡谷：长江三峡

长江入海口：上海

长江中游重镇：武汉

智斗赛诸葛

　　长江三峡水利枢纽工程，是中国长江中上游段建设的大型水利工程项目，是当今世界上最大的水利枢纽工程。从设想、勘探到建成，长江三峡水利工程经过无数国内外专家的论证，对于其中的利弊至今仍存在很大的争议，对此你是怎么看的呢？

三峡工程是一项民生工程，不仅能够大大提高长江流域的防洪能力，还能够发电、促进航运。

中国有句古话"其利也大，其弊也大"，三峡工程过于好大喜功，几百万的移民，对生态的迫害以及国防安全都是其弊端的表现。

智慧卡片

长江各段的美称

位于青海西藏交界处的长江南源当曲会合后称通天河；通天河与位于可可西里腹地发源的长江北源楚玛尔河汇流后，向东南流到玉树县巴塘河口。从此以下至四川省宜宾市间的长江干流称金沙江，宜宾以下始称长江，四川境内又称川江，重庆到湖北宜昌称峡江，湖北枝城至湖南城陵矶称为荆江，扬州以下旧称扬子江。

三、中国最大内陆河——塔里木河

小风铃探究

在中国广阔的西北内陆地区，有条河流被当地人们亲切地称为"生命之河"，你知道他们指的是哪条河流吗？这条河流是从哪里来又流经哪里去呢？它又是怎样使得大片寂静的西北荒漠地区充满生机和活力呢？

眼镜爷爷来揭秘

这条"生命之河"就是中国最大的内陆河——塔里木河。塔里木河由发源于天山的阿克苏河、发源于喀喇昆仑山的叶尔羌河、和田河汇流而成，最后流入台特马湖。帕米尔高原和昆仑山上的冰川雪水成为塔里木河的主要水源，尽管它流经的区域气候异常干燥并且常年鲜有降水，但它仍然令人惊讶地把涓涓溪流汇聚成滚滚的河流。

在中国广阔的西北内陆地区，气候终年干旱，降水稀少，水成了最宝贵最稀缺的资源，有了水就意味着有了生命。然而，在这荒漠的土地上，塔里木河穿越而过，使这片土地充满生机和活力，不再荒凉和寂寞。

在沙漠中静静流淌的塔里木河

　　塔里木河是我国最长的内陆河，也是世界著名的内陆河之一，全长2179公里，仅次于伏尔加河、锡尔——纳伦河、阿姆——喷赤——瓦赫什河和乌拉尔河，为世界第5大内流河，流域面积102万平方公里，涵盖了我国最大盆地——塔里木盆地的绝大部分，是保障塔里木盆地绿洲经济、自然生态和各族人民生活的生命线，被誉为"生命之河"、"母亲之河"。

新疆塔里木河流域示意图

塔里木河的主要水源地之一，昆仑山冰川

　　塔里木河流域地处欧亚大陆腹地，远离海洋，四周高山环绕，属大陆性暖温带、极端干旱沙漠性气候。其特点是：降水稀少、蒸发强烈、温差大、多风沙、浮尘天气，日照时间长、光热资源丰富。加上塔里木河流域地理位置偏远，交通不便，信息闭塞，经济落后，散布于河流两岸和盆地边缘的灌溉绿洲，是各族人民繁衍生息之所。目前，流域内仍以农牧业为主，主要种植粮食和棉花，是新疆重要的优质棉、粮基地；此外，也是新疆库尔勒香梨、杏、薄皮核桃、伽师瓜、石榴、无花果等特色果品园艺产品基地。进入二十世纪九十年代以来，随着塔里木盆地石油和天然气的勘探开发、国家棉花基地建设、南疆铁路线开通，特别是国家西部大开发战略的实施，必将给流域生态环境的改善、流域经济的腾飞、社会的发展带来巨大的推动作用。

塔里木河灌溉的新疆优质棉

塔里木河畔的库尔勒香梨

眼镜爷爷来揭秘

塔里木河边的胡杨林

胡杨是荒漠带上唯一的大乔木。在荒漠上只要看到高20米以上的大树，不用问，它准是胡杨树。新疆是胡杨在我国乃至世界分布最多的地区。据说，全世界百分之九十的胡杨在中国，中国的胡杨百分之九十在塔里木盆地。仅塔里木盆地胡杨保护区的面积就达3800平方公里。

　　胡杨是在温带荒漠气候条件下发育起来的树种，故对荒漠干旱气候有较强的适应性。胡杨与人们生活息息相关，对防风防沙，改善生态环境发挥着重要作用。因此，它备受人们赞誉。人们夸赞胡杨巨大的生命力，说它的寿命是"三个一千年"：能在荒漠上活一千年不死，死后站立一千年不倒，倒后在沙漠中一千年不朽。这个有趣的说法虽未经科学证实，但在适宜的条件下胡杨的确相当长寿，而且长久不朽不烂。这些特性在楼兰、尼雅和喀拉墩古城遗址中许多纵横的胡杨桩柱至今未朽都得到佐证。

　　历史上，塔里木盆地周围的大部分河流都汇入塔里木河。人类不断地生产开发，许多河流被截流引入灌区，水量减少使有的支流不能注入塔里木河而消失。水量减少也使下游得不到灌溉的植被和胡杨大面积旱死。经常导致塔里木河下游水断流，不能注入台特玛湖，不能注入罗布泊，而只有少量水注入铁干里克的大西海子水库。塔里木河断流造成下游生态严重恶化，胡杨等植被形成的800里绿色走廊面临着新的生死考验。如得不到拯救，大漠流沙将肆无忌惮地向外扩张延伸，沙化、沙害、沙暴将进一步危害绿洲，危害广大南部疆域。专家学者的科学论断引起了国家的重视，投巨资综合治理塔里木河，实施塔里木河流域水量统一调配，向塔里木河下游多次紧急输水，大范围拯救下游胡杨植被。根治塔里木河战略的实施将逐渐改善下游生态恶化的局面。

幽默一刻

淘气的学生

地理老师问：河水往哪里流啊？一学生猛地站起来唱道：大河向东流啊！老师没理会他接着说：天上有多少颗星星啊？那学生又唱道：天上的星星参北斗啊！老师气急：你给我滚出去！学生：说走咱就走啊！老师无奈：你有病吧？学生：你有我有全都有啊！老师：你再唱一句试试！学生：路见不平一声吼啊！老师：你信不信我揍你？学生：该出手时就出手啊！老师怒：我让你退学！学生：风风火火闯九州啊！

第五章　漫步中国名城古镇

智慧导航

　　我们的祖国有着五千年的中华文明史，是世界上每个人都为之骄傲的国度。她留给我们的不仅仅有浩如烟海的珍贵典籍史料文献，更有众多无与伦比的名城古镇古村。

这些名城古镇古村蕴含着中华民族特有的精神价值和丰富的民俗文化，体现着中华民族的生命力和创造力，是中华民族智慧的结晶。让我们一起漫步其中，欣赏我们伟大的祖先赐给我们的礼物……

一、皇城帝都——北京

小风铃探究

翻开世界地图，当我们的视线移向中国这片960万平方公里神圣的土地时，最先映入我们眼帘的是我们中国"雄鸡"，"鸡颈"部的一颗红星，那就是我们十三亿中国人民的首都——北京。北京作为中国宋、元、明、清等历朝皇城帝都，她与其他城市相比，什么地方更让我们着迷并为之向往呢？

神圣的北京天安门

北京八达岭长城

当你一到北京时，给你的第一印象可能就是，这里
的建筑与别的城市截然不同。虽然这里的建筑都不高，但
北京建筑不论平面、立面，还是体积都超出人的想象力的
大。如果在北京西站下火车，北京马上会给你的视觉神经
来个"下马威"，或许做梦也没有想到有如此雄伟、大气

气势宏伟的北京西站

的建筑。你心里更会琢磨，那天安门、故宫、长城又会有怎样惊人的体貌？于是，有人就说，北京的大气，北京的人文气息，是从她的那些承载着数百年皇城历史的古老建筑中渗透出来的，这种气息在空气中弥漫，构成了一种文化氛围和文化空间。如果把故宫拆掉，把所有的古老建筑统统拆掉，北京特有的气质就会荡然无存。

气势如虹，整齐对称的北京故宫

北京的大气，就在于独一无二的王者霸气。这种王者的霸气可不是来自没落的明清王朝，而是来自社会主义中国。北京作为中国的首都，任何东西都要求做到首屈一指。"北京的大，还不仅仅大在地盘。作为新中国的首都，北京是一个集政治、经济、军事、外交、科技、文化、教育、体育、信息等各种中心于一身的全能型城市。这里有最大的党政军机关，最大的金融商业机构，最大的科研单位，最大的大专院校，最大的信息网络，最大的体育场、出版社、报社、电台、电视台和最大的国际机场。世界各国的大使馆都在这里，世界各国的精英人物和重要信息也都在这里出出进进。"(易中天《读城记·北京城》)

北京新央视大楼

与其他城市相比，北京给人最深的印象除了她的古朴、厚重和大气之外，还时时刻刻彰显着她的现代、精致与潮流。从北京内城往外走，你就会看到大量的现代化彰显个性的建筑：鸟巢、水立方、五棵松篮球馆、央视大楼

鸟巢

水立方

等等，每一座建筑都让人看了之后惊叹不已。

小风铃探究

北京是一座令人去了之后就流连忘返的城市，有太多好看的地方，除了入选中国十大名胜的故宫、长城之外，还有颐和园、天坛、什刹海、十三陵、鸟巢、水立方等等，数之不尽，但是除了这些世人所知的建筑、景点公园外，你还能说出北京的其他特色吗？

眼镜爷爷来揭秘

北京特色

胡同文化：胡同是北京人生活的历史象征。因此，有人称古都文化为"胡同文化"和"四合院文化"。目前北京古老破旧的大杂院正被现代化的楼房所取代，旧胡同也将失去它赖以存在的基础。不过，为保持北京的古都风貌，许多著名的胡同已被当作文物保留下来了，它为我们新兴的首都保存了一丝古老的色彩。

京剧：又名国剧、平剧等。清乾隆时期，享誉江南的徽班

"三庆班"上京为乾隆祝寿；后来一批汉剧演员又陆续进京，于是徽调和汉剧两班合作，两调合流，互相融会吸收，再加上京音化，又从昆曲、弋腔、秦腔不断汲取营养，终于形成了一个新的剧种——京剧。

京菜：来北京旅游的首选美食。京菜的烹调方法可以概括为"爆炒烧燎煮，炸熘烩烤涮，蒸扒熬煨焖，煎糟卤拌氽"，其中，最具代表的北京烤鸭是元、明、清历代宫廷御膳珍馐，传入民间已有两百多年，成为北京特殊风味名肴之首。

二、人间天堂——杭州

小风铃探究

城市，最初的职能是提供给我们居住的地方。你梦想中的居住地是什么样子的呢？是高楼林立、车流不息、万丈灯火的繁花似锦的喧嚣之城，还是环境优美、空气清新、山环水绕的宁静之城？想必如果要选择的话，大多数人必定会和我一样，选择后者。穿越时空，很早以前，我们的先辈们就给了我们答案，"上有天堂，下有苏杭"、"生在杭州，死在柳州"等谚语诗句就是很好的验证。为什么从古至今，在中国这么多的历史文化名城中，无数名流大家都偏偏钟情于杭州呢？杭州究竟是一个什么样的城市呢？

眼镜爷爷来揭秘

杭州是个令人神往的城市，西湖就是个盛产传说故事的地方，引得无数文人墨客、士人大夫在这里驻足，在这里抒情高歌，也总是文人墨客的点缀，让一个地方更加神秘美妙。杭州俨然已成为一个品牌城市，用她的诗情山水与现代文化吸引四方宾客的到来。

杭州与西湖

提起杭州，对于大多数人尤其是那些还没有亲身到过杭州的人来讲，第一反应恐怕是位列中国十大名胜之一名誉海内外的西湖了。是的，如果没有西湖，那杭州会是什么样子？几乎所有的80后都是从白娘子电视剧那个年代过来的，许仙与白娘子在西湖断桥的邂逅暧昧、梁山伯与祝英台的生死缠绵、活佛济公的疯癫济世、青楼名妓苏小小的哀怨长眠，哪一个不是传说故事，哪一个不是在西湖，哪一个不让我们沉醉叹息！"上有天堂，下有苏杭"说的不就是这里吗！还有诸如苏东坡、唐伯虎、米芾、郁达夫等等历代文人的踏足，更让这里充满了神奇与美丽！

杭州西湖，是一处以秀丽清雅的湖光山色与璀璨丰蕴的文物古迹和文化艺术交融于一体的国家级风景名胜区。她以秀丽的西湖为中心，三面环山，中涵碧水，面积60平

西湖十景之一的雷峰夕照

方公里，其中湖面为5.68平方公里。沿湖地带绿荫环抱，山色葱茏，画桥烟柳，云树笼纱，逶迤群山之间，林泉秀美，溪涧幽深。90多处各具特色的公园、风景点中，有三秋桂子、六桥烟柳、九里云松、十里荷花，更有著名的"西湖十景"以及近年来相继建成开放的十多处各具特色的新景点，将西湖连缀成了色彩斑斓的大花环，使其春夏秋冬各有景色，晴雨风雪各有情致。西湖的美不仅在湖，也在于山。环绕西湖，西南有龙井山、理安山、南高峰、烟霞岭、大慈山、临石山、南屏山、凤凰山、吴山等，总称南山，北面有灵隐山、北高峰、仙姑山、栖霞岭、宝石山等，总称北山。它们像众星拱月一样，捧出西湖这颗明珠。山的高度都不超过400米，但峰奇石秀，林泉幽美。南北高峰遥相对峙，高插云霄。

"未能抛得杭州去，一半勾留是此湖"。西湖，是一首诗，一幅天然图画，一个美丽动人的故事，不论是多年居住在这里的人还是匆匆而过的旅人，无不为这天下无双的美景所倾倒。

阳春三月，莺飞草长，苏白两堤，桃柳夹岸。两边是水波潋滟，游船点点，远处是山色空蒙，青黛含翠。此时走在堤上，你会为眼前的景色所惊叹，心醉神驰。西湖的美景不是春天独有，夏日里接天莲叶的荷花，秋夜中浸透月光的三潭，冬雪后疏影横斜的红梅，更有那烟柳笼纱中的莺啼，细雨迷蒙中的楼台，无论你在何时来，都会领略到不同寻常的风采。

早春的西湖，在烟雨中显得格外秀美，让人不由得联想起古代诗人对其"淡妆浓抹总相宜"的赞誉之词。

　　山水能让一个地方充满灵气。更何况灵隐山、西湖都在杭州城，怎能不让我们憧憬与留恋，更不用说那些"仁者乐山，智者乐水"的文人侠士！当我们今天来到西湖，望着雷峰塔、断桥这些传说中的遗迹时，我们究竟是在观赏断桥，还是在回味许仙与白娘子牵手的场景呢……

西湖之夏最美丽的景致要数满池荷花。碧绿的荷叶挤挤挨挨，密不透风，且每片荷叶都有各自的形态。这真是：接天莲叶无穷碧，映日荷花别样红。

秋天的西湖，秋夜中浸透月光的三潭

冬天的西湖，断桥残雪，梅花绽放

品牌杭州

品牌，让我们增加了对一座城市的理解和记忆！杭州无疑是一座品牌之城，那些历史传说故事就是一大品牌，暂且不说这些故事。就说同学们从小在电视上看着"杭州娃哈哈"，喝着AD钙奶长大，怎能对杭州没有印象？还有现在比较时髦的"天堂伞"、"阿里巴巴"等等，这些都让我们对杭州更熟悉！

说起这杭州西湖，不得不谈起西湖龙井茶，这龙井茶可是我国十大名茶之首啊！好茶需要好山好泉的滋养，龙井原为一井泉，龙井泉水清澈甘洌，龙井茶更负盛名，不仅汇茶之色、香、味、形四绝于一身，而且集名山、名寺、名湖、名泉和名茶的五名于一体。其实现在冠名的西湖龙井茶叶有狮子峰、龙井、五云山、虎跑、梅家坞之别，其中以狮峰、龙井地之茶为最优，其中奥妙，唯有亲去龙井村品茗问茶方可悟出，因此就有了"龙井问茶"之趣说。

杭州"龙井问茶"

典雅杭州

杭州是高贵典雅的，她犹如轻纱遮面的翩翩少女，让人可望而不可即！杭州是一座古城，可让我们记住杭州的并不是杭州的古老，而是她的高贵典雅！高贵典雅让杭州从来就不去向权力靠拢，因此杭州古老，从没有成为政治中心，当年南宋也只是在这里"临（时）安（定）"。她的高贵典雅，让她知道如何定位、塑造自己！那就是天然的姿色，当然绝不仅仅是姿色，更重要的是内在的高贵与典雅，你看，"诗画杭州，人间天堂"！现代浙江无疑是我国最富庶的省份，杭州就是出身在这样的名门贵族，看看龙井茶、丝绸、传说故事、西湖……哪一样不彰显着她典雅的气质！

山水杭州

"山水城市"是近年兴起的理想生活模式，旨在把城市营建在自然山水中，让自然山水融化在城市生活里，城市建筑和自然山水融为一体，是老百姓最向往的居住生活环境。

然而这似乎是一个奢望，在当今城市开发常常要以破坏自然山水为代价的模式下，"山水城市"离我们的视线很是遥远。但是梦想成为现实也并非不可能，当我们步入杭州这座城市，行走在西湖边的花丛树荫里，阅读和体验杭州居民的生活景象时，便会欣喜地发现这里是我们最宜居住的地方。秀美和舒适，温润和辽远，宁静和沉稳，

山水杭州如诗如画

健康和发展所组合起来的城市品格，使我们清晰地感受到
幸福生活的底蕴；而杭州并不是一个年轻的城市，西湖也
不是现在才真正美丽，钱塘江潮也不是如今才汹涌澎湃，
千百年来杭州人对西湖的营建和保护，对钱塘江潮的感怀
抒情，恪守着自然与人合二为一的理念，实现着民族情怀
和传统美德的不懈追求。

智慧卡片

　　你知道著名的杭州西湖是怎样形成的吗？从西湖的形成过
程中我们是否可以看到世间自然界沧海桑田的变化？

　　从地理专业的角度来看，西湖其实是一个泻湖。根据
史书记载，远在秦朝时，西湖还是一个和钱塘江相连的海

湾。耸峙在西湖南北的吴山和宝石山，是当时环抱着这个小海湾的两个岬角。后来由于潮汐的冲击，泥沙在两个岬角淤积起来，逐渐变成沙洲。此后日积月累，沙洲不断向东、南、北三个方向扩展，终于把吴山和宝石山的沙洲连在了一起，形成了一片冲积平原，把海湾和钱塘江分隔了开来，原来的海湾变成了一个内湖，杭州西湖就由此诞生了。

三、百岛花园——珠海

小风铃探究

城市如人，每个城市都有她自己的特色。到了冬天，如果你想去个暖和的地方调养一下，那么海南三亚是个很好的选择；到了夏天，如果你想找个城市避避暑，可以好好考虑一下冰城哈尔滨；到了节假日，如果你想找个机会，好好了解一下历史，除了去博物馆，中国六大古都恐怕都是很好的去处。然而，如果你喜欢海，喜欢岛，喜欢一年四季的清新，又追求浪漫悠闲，百岛花园——珠海只怕是你的唯一目的地了。那是为什么呢？

暖和珠海

珠海位于广东省珠江口的西南部，其地理纬度大约在21° 48′ N～22° 27′ N之间，正好位于北回归线以南。这

环境优美的珠海

就决定了珠海全年气候温暖，加上毗邻南海，深受海风的影响，夏季又比较凉爽。和深圳一样，在上世纪80年代设经济特区之前，这里还只是一个宁静的海边小镇，大多数人还只是以渔业为生。但是到了改革开放后，珠海成为中国改革开放前沿阵地经济特区之一，一跃成为珠江三角洲的一个重要核心城市。但是珠海并不像深圳一样，生活在这个城市的人不会感觉到城市的快节奏和每天为钱和各种欲望奔波的那种劳累，相反，他们都会感觉到，珠海环境优美，气候宜人，生活节奏很慢，是一个宜居城市。最近珠海还被国家评选为"幸福之城"。

百岛花园

宁静、休闲是人们对珠海的第一印象。珠海海岸线长

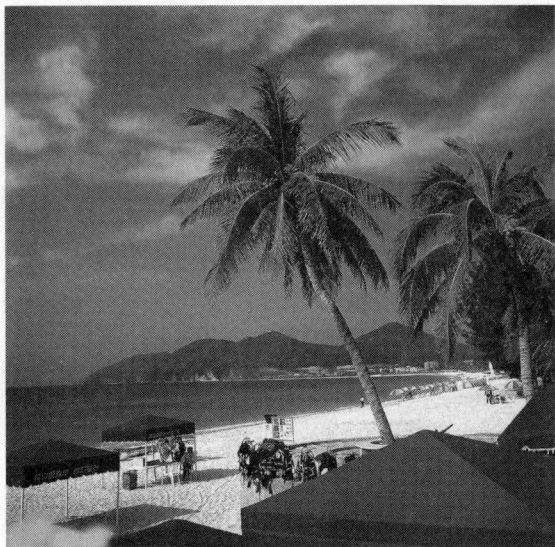
百岛珠海的美丽海边沙滩风光

604公里，有大小岛屿146个，故有"百岛之市"的美誉。在珠江口辽阔的水域上，岛屿星罗棋布，大部分集中于东部海域的万山群岛。珠海城市规划和建设独具匠心，突出旅游意识，自然和谐，优雅别致，极富海滨花园情调和现代气息。1991年，珠海以整体城市形象景观被国家旅游局评为"中国旅游胜地四十佳"。不仅如此，珠海还因人口比较适中，规模一般，城市干净、整洁、绿化率高，被人们冠以"花园城市"的美称。

浪漫珠海

说到浪漫，可能我们会从中国的许多电影电视剧中联想到日本的北海道、古希腊的爱琴海、美国的夏威夷群岛等浪漫之地。殊不知，在中国还有一个比这些地方更具浪

珠海渔女

漫气息的城市——珠海。珠海，不仅仅有着优美的环境、清澈的海水、茂盛的花草树木、美好的阳光沙滩等浪漫因子，更具有一个美妙的浪漫故事和一条看得见的浪漫情侣路。这些都给珠海增添了一种更深厚的与生俱来的浪漫文化底蕴，已经成为珠海对外的一张著名名片。

珠海渔女是珠海市的象征，位于珠海市的香炉湾畔。珠海渔女石雕，有8.7米高，重量10吨，用花岗岩石分70件组合而成，是中国著名雕塑家潘鹤的杰作。如今，这座雕像已成为珠海市的象征，是珠海一处著名的免费旅游景点。

眼镜爷爷来揭秘

珠海渔女的传说

相传远古时代有位仙女被香炉湾美丽的风光迷住了，扮成渔女下凡到人间，以其心灵手巧、美丽善良而深受渔民喜爱，并与憨厚老实的渔民海鹏私定终身。但海鹏听信谗言，执意要仙女摘下维系性命的手镯作定情信物，仙女为表明心志，毅然摘下手镯，旋即昏死在情人怀中，海鹏悔恨已晚，饮声泣血，哀天恸地。九洲长老为这深情所感动，引导海鹏采来一枝还魂草，用鲜血浇灌成长，救活了仙女。从此仙女成了真正的渔女。成亲那天，渔女把她挖

珠海情侣路

到的一颗举世无双的宝珠，献给了德高望重的九洲长老。因有美丽珠海渔女的传说，加上香炉湾原本是养珠产蚝的地方，珠海置县时，就取玉珠的珠和海鹏的海字命名，这就是珠海的由来。以珠海渔女浪漫爱情而命名的情侣路，珠海渔女在哪里都能见到双双对对的情侣驻足，以求赐以美好的祝福！在珠海的婚礼流程单中，情侣路是婚嫁花车必经之地，珠海渔女已是珠海现代婚嫁见证之爱情女神！

智慧卡片

珠海城市名字的由来

珠海位于珠江口的西南部，因珠江注入南海之处而得名。有关珠海地名出处的传说颇多，但最经得起推敲的还应该是从地理角度给予释义。珠海唐家与伶仃洋之间海域，古代就被当地居民称之为"珠海"。在《唐氏族谱》上，有人取名为"唐珠海"（明朝永乐年间）。民国初年唐家三峰小学的《校歌》中，其歌词有"前环珠海，后枕鹅峰"之句。可见这片海域早已有"珠海"之称。因此，建县时，称之为"珠海"。

四、黄河之都——兰州

小风铃探究

铺开中国的版图，你会发现原来中国内地的中心不是北京，而是我们印象中的西北黄河重镇兰州。对于兰州，你了解多少呢？或许，简单地说，一条河、一本书、一碗面就足以让你把兰州尽收眼底了。

一条河

一条河说的就是哺育中华民族和兰州的母亲河——黄河。兰州是万里黄河唯一穿城而过的城市，坐落于一条东西向延伸的狭长形谷地，夹于南北两山之间，黄河在市北的九州山脚下穿城而过。因此，兰州有着中国其他城市无可比拟的黄河文化。由此，兰州市沿黄河南岸，开通了一条东西50多公里的滨河路，并打造了全国唯一的城市内黄河

兰州"外滩"，黄河风情线

风情线，被称为兰州的"外滩"。远远看上去，兰州黄河风情线虽然没有"黄河之水天上来"的气势，却犹如一幅现代版的"清明上河图"，让人面对美景赞叹不已！

一本书

一本书指的是《读者》杂志。在兰州市，拥有一本让所有兰州人都感到自豪和骄傲的杂志《读者》。1981年《读者文摘》杂志在黄河之滨兰州应运而生。经过20多年的风雨历程，《读者》杂志现在已经发展成为月发行量达800万份、刊物发行量居中国第一、世界综合类期刊排名第四的著名大刊，可以说创造了中国刊物的奇迹。

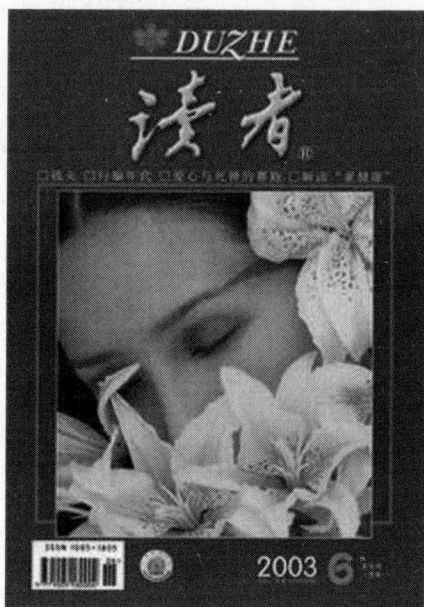

提起《读者》杂志，很多人都会用"高雅、清新、隽永"来评价它。翻开《读者》杂志，你很难看到形形色色所谓时尚的内容，没有暴力，不见色情，有的只是温馨的话语，充满生活哲理的故事。凭着《读者》杂志在兰州乃至全中国的巨大影响力，同时也为了推广兰州的旅游，政府郑重地把读者出版社前一段滨河绿化带长廊命名为读者大道。以一份杂志名称命名的街道在国内尚不多见。兰州

市此举的目的在于利用《读者》的知名度，提升兰州市的知名度和城市形象。所以说，如果你有幸到了兰州，一定要在兰州最美的滨河路上看看《读者》。

一碗面

一碗面，兰州，当这两个词语同时出现在我们的脑海中时，相信我们大多数人都会自然而然地想到了"兰州拉面"。

"兰州拉面"全名其实叫"兰州牛肉拉面"。正宗的兰州牛肉拉面，是回族人马保子于1915年始创的，当时马保子家境贫寒，为生活所迫，他在家里制成了热锅牛肉面，肩挑着在城里沿街叫卖。后来，他又把煮过牛、羊肝的汤兑入牛肉面，其香扑鼻，大家都喜欢他的牛肉面，突出一个清字。接着他开了自己的店，不用沿街叫卖了，就想着推出免费的"进店一碗汤"，客人进得门来，伙计就马上端上一碗香热的牛肉汤请客人喝，爽，醒胃！马保子的清汤牛肉面名声大振，马保子经营到1925年，由其子马杰三接管经营。马杰三继续在清字上下工夫，不断改进牛肉拉面，直到后来名扬各方，被赠予"闻香下马，知味停车"的称誉。识别兰州拉面的正宗与否，要一看有没有进店免费一

碗汤，正宗必有汤赠，那牛羊肝的汤是明目的，西域人多目光如炬，显然与喝此汤有关；二看牛肉拉面的汤是否清，汤浊就不是正宗的了。现在可

路人在津津有味地享受着兰州拉面

能赠汤环节早已省略了！严格地说，兰州拉面并不是现代才闻名全国的，早在清代就已经享誉全国了。清代诗人张澍曾这样赞美"马家大爷牛肉面"：

"雨过金城关，白马激回。几度黄河水，临流此路穷。

拉面千丝香，唯独马家爷。美味难再期，回首故乡远。

日出念真经，暮落白塔空。焚香自叹息，只盼牛肉面。"

考考你

在中国几千个城市中，大多数城市都有一个"别称"，如：石城南京、春城昆明、羊城广州、榕城福州、泉城济南、江

城武汉、日光城拉萨等等，你还能找出中国其他城市的别称吗？并且能说出这些别称背后的原因吗？

五、中国最美乡村——婺源

小风铃探究

婺源，位于江西省东北部与安徽、浙江三省交界之处，被誉为"中国最美丽的乡村"，有"绿色明珠"、"书乡"、"茶乡"等诸多美誉。婺源的美，究竟美在哪里呢？

景色婺源

有人说，五岳归来不看山，九寨归来不看水，婺源归来不看村。的确，婺源的景色，不仅仅是一处美景，更是

婺源的油菜花

一幅山水画，一处每个人内心所向往的心灵仙境。这里有着世外桃源般的意境；有如诗如画的田园风光；有寻幽访古的古老村落；粉墙黛瓦、飞檐戗角的徽派建筑；还有秋季那满山的红枫叶和原汁原味鲜美绝伦的风味小吃等等。

漫步婺源，在青山绿水中，不经意路过的一棵老树、一株枯藤、一段残壁、一口深井，可能都涵蕴着一个古老而美丽的传说，宁静而悠远，耐人寻味。徽派民居遥相辉映，金黄色油菜花漫山遍野。田间有村，村后有山，粉墙黛瓦，恬谧安然。古树浓荫，水倚田园，青山碧水的清纯、田园风光的恬然，蜿蜒的老巷，参天的古树，悠远的古驿道都在向人们诉说着那渐行渐远的传说。石墙、烟囱、油菜花、梨花、桃花、田野、青山，风从天空飘过，在山的皱褶里的村庄，到处是春天的气息。一幅幅闲适、

迷人月亮湾，月亮湾是一个弯月形的小岛、一湾碧绿的春水、遍野盛开的菜花，烟雨朦胧，如梦似幻，时不时有一叶小舟飘荡在水中央，犹如一个清新美丽温柔的江南少女，很乖很美丽很内敛的感觉，绝对是清丽脱俗，让你眼前一亮却又说不上到底哪里美。

清幽的淡墨素描，一幅幅天人合一的画卷……这些年代已经有些久远尘封的影像，触动了人们内心深处对传统的"家"的记忆，或许能在某个片段里，恍然间顿悟前世今生。

徽派建筑

婺源，位于赣东北，是古徽州六县之一，也是徽州文化发祥地之一。因此，至今为止，婺源保留着中国最完整的徽式建筑。婺源之美，美在人与自然和谐相处，文化与生态完美结合。这其中也包括婺源徽式民居与当地的生态地理气候环境的统一。婺源古村落的建筑，是当今中国古建筑保存最多、最完好的地方之一。全县至今仍完好地保存着明清时代的古祠堂113座、古府28栋、古民宅36幢和古桥187座。村庄一般都选择在前有流水、后靠青山的地方。婺源明清时代的徽式建筑几乎遍布全县各乡村。走进古村

爬满青藤、长满青苔的婺源徽式民居

落，可以看到爬满青藤的粉墙，长着青苔的黛瓦，飞檐斗角的精巧雕刻，剥落的雕梁画栋和门楣。古村落的民居建筑群，依山而建，面河而立，户连户，屋连屋，鳞次栉比，灰瓦叠叠，白墙片片，黑白相间，布局紧凑而典雅。门前听水响，窗外闻鸟啼。许多古村落被影视导演看中，成了影视拍摄的镜头。

书香婺源

有人说，婺源的美是人文的美。秦朝时即为"鄡郡"的婺源历史悠久，古属"吴楚分源"之地，民风古朴，文风炽盛，从古至今一直秉承着自己的灵秀与书香。

理学大师——朱熹

铁路专家——詹天佑

婺源是理学大师朱熹的故里，也是文学家朱弁、皖派篆刻创始人何震、清代经学家江永、铁路专家詹天佑等无数名人贤士的故乡。据当地史志记载：从宋朝到清朝，婺源县考取进士的有550人，出任仕官者2665人，文人学士19人，传世著作92部，其中172部计1487卷被选入《四库全书》，到明清时更有"一门九进士，六部四尚书"的辉煌历史，真是名副其实的"书乡"。

智斗赛诸葛

> 我都会，你呢？

同学们，你们去过婺源吗？请查阅相关资料，看看婺源还有哪些令人印象深刻的地方？

六、中国第一水乡——周庄

小风铃探究

"江南好，风景旧曾谙，日出江花红胜火，春来江水绿如蓝，能不忆江南！"白居易的一阕江南颂，让古今多少人对江南的风光神往不已。江南的美就美在江南的水。周庄，是一个集中国水乡之美的地方，其水之美美在何处呢？周庄又为何被国人亲切地称为中国第一水乡呢？

周庄镇地处江苏省苏州城东南38公里的昆山市境内，毗邻上海、南京、杭州等大城市，交通便捷。周庄，四面环水，犹如泊在湖上的一片荷叶。南北市河、油车漾河、中市河，四条井字形的河道将古镇分割，形成了八条长街。粉墙蠡窗的房屋依水而筑。周庄环境清幽，建筑古朴，虽历经900年的沧桑，仍完整地保存着原来的水乡集镇的建筑风貌。全镇百分之六十以上的民居仍为明清建筑，仅有0.47平方公里的古镇有近百座古典宅院和六十多个砖雕门楼。周庄民居古风犹存，最有代表性的就是沈厅和张厅。同时，周庄还保存了十四座各具特色的古桥，它们共同构造一幅美妙的"小桥、流水、人家"的水乡风景画。周庄有着悠久的历史和厚实的文化积淀，加上自然环境的独特，形成了不一般的水乡民族风情，源远流长的吴

周庄古桥

文化，滋育着周庄这方古老灵秀的水土，周庄的乡情、习俗、风物，弥漫着江南水乡历史文化的古朴情调与厚重韵味。

小故事大智慧

江南巨富沈万三的一生

定居周庄

元代末年，吴兴（今浙江湖州）南浔镇沈家漾，有一户姓沈的殷实人家，谁知突然遭水灾，妻子染瘟疫而死。沈父用一条渔船载起四个儿子，连夜逃到距南浔百里外的周庄镇。老大老二不幸夭折，只留下沈富和沈贵。有一次，老三沈富竟不辞而别，几天毫无音讯。当大家找不到他时，他却兴冲冲回来了。说是到苏州城里去玩了，阊门那里做生意的人既能赚钱，又能到处玩，太有意思了。这个沈富就是后来的沈万三。

躬耕起家

起初沈家在周庄耕种的是一片低洼地，只出产芦苇和茅草。但他们勤于耕作，使之成了产量颇高的熟地。周庄土地肥沃、气候温和、灌溉方便，历来是种植粮食和油菜，种桑养蚕的好地方。沈万三随父亲来到这里，主要也是依靠发展农业生产，"躬耕起家"，随即"好广辟田宅，富累金玉"，以致"资巨万万，田产遍于天下"。

陆氏赠财

元代苏州富室陆德源富甲江左，很欣赏沈万三的聪明才智和经商信用，觉得自己已经老了，也看破了红尘，手里的巨额财产假如不传给别人，一旦时局动荡，反而会酿成祸害。于是全部赠送给沈万三，自己去澄湖边的开云馆当了道士，直到寿终。沈万三得到了陆德源的这笔巨资，如虎添翼。

出海通番

沈万三一方面继续开辟田宅，另一方面把"东走沪渎，南通浙境"、水路交通发达的周庄，作为商品贸易和流通的基地，把内地的丝绸、瓷器、粮食和手工艺品等运往海外，又将海外的珠宝、象牙、犀角、香料和药材运到中国，开始了"竞以求富为务"的对外贸易活动，很快使自己成为江南第一富豪，创造了令世人难以想象的奇迹。

设馆尊师

沈万三专门延请王行为塾师，来到周庄，设馆于银子浜。王行教书教得好，文章也写得好，沈万三给他的报酬是每篇文章黄金一镒（在当时为二十两或二十四两），这样的酬劳很可观。沈万三十分懂得知识的作用，更希望子女们肚子里都有很高的学问，能够与外国商人周旋，以继承自己开拓的家业，使沈家永远立于不败之地。

南京筑城

朱元璋准备在南京建都，并决定扩建应天城，把它建得非常有气派。但由于战事频繁，开支浩大，根本没钱修城墙。富豪沈万三答应负责修筑聚宝门至水西门一段，还有廊房、街道、桥梁、水关和署邸等相关工程。他不仅延请一流的营造匠师，还整天在工地上督促进度，检查质量。尽管一些"检校"常去工地制造事端，捞取油水，沈万三却依然比皇家修筑的城墙提前三天完成。可这样做，恰恰大驳了皇帝的面子。随之，他竟又向朱元璋提出，打算以自己的百万两黄金，代替皇帝犒赏三军，这让明太祖龙颜大怒。于是他被籍没家产，发配充军云南边陲。

云南充军

传说当年沈万三被充军时，身边带着金、银、铜、铁、锡五个儿子。人们远远看去，总觉得一路上他们的身边金光闪闪。于是有人奏报皇帝，说沈万三去云南时，把江南的财气也带走了。皇帝连忙下了一道圣旨，不准他们继续前行，要将沈万三的五个儿子就地赐死。小儿子阿锡正好在个旧那儿，接到圣旨后在高山上跳崖自杀，很快化成锡矿。其他四个兄弟的鲜血流进云南的土地，都化为铜矿。

茶马古道

沈万三遭受不测以后，不少朋友纷纷从江浙一带到云南大理来看望他。他们发现走茶马古道将江浙的丝绸、陶瓷和手工业品运往滇西北，乃至进藏，不失为一条求富的新路。虽然那儿天气高寒，路途坎坷，充满艰难困苦，却很有开发的余地。具有丰富经验的沈万三，发挥自己的特长，利用茶马古道，将江南一带的丝绸等特产运到云南，甚至进入西藏和缅甸、印度……在茶马古道重操旧业，继续经商，是沈万三无可选择的选择。谁也没有想到，这使他重又获得生机。

归葬故里

沈万三在云南边陲度过了一生中最后的岁月，终老异乡。身边的亲人将他的遗骨运回发迹地古镇周庄，葬于银子浜下。民间传说，银子浜的尽头有水一泓，下通泉源，旱岁不枯。水下有一个古墓，非常坚固，里面埋葬着沈万三的灵柩。它引发了今天的人们很多思索和启迪。

第六章　四海风情各不同

智慧导航

　　俗话说："百里不同风，十里不同俗。"在中国这块幅员辽阔的土地上，因受气候、经济、文化等诸多方面原因的影响，各地在衣、食、住、行等方面，形成了一些独

特的生活方式和风俗习惯，正是这些独特的生活方式和风俗习惯构成了博大精深的中华文化。让我们一起去了解它们吧……

一、东南西北的饮食习惯

小风铃探究

古人云"民以食为天"，说的就是饮食在人们日常生活中的重要性。中国各地的民俗习惯差异也首先表现在饮食习惯上。你能说说中国东西南北各地饮食习惯有哪些差异吗？又是什么原因造成了这些差异呢？

中国人口味之杂，堪称世界之冠，但也有一定规律可循。有人说南甜北咸、东辣西酸，在一定程度上反映了我国饮食文化的地区差异，同时，也反映了人们的口味与地理环境存在着一定的联系。这一点，从主食结构上也可看出，我国南方气候湿热，盛产水稻，因此，以大米为主食；北方气候相对干冷，适宜小麦等作物生长，因此，以面粉为主食。

眼镜爷爷来揭秘

山西人为什么爱吃醋？

　　山西人能吃醋，可谓"西酸"之首。他们吃饭前，往往先把醋瓶子拿过来，每人喝三调羹醋用以"解馋"。山西等地的"西方人"何以爱吃酸？打开中国地图，可知这些地区，特别是黄土高原、云贵高原及其周边地区的水土中含有大量的钙，因而他们的食物中钙的含量也相应较多。这样，通过饮食，易在体内引起钙质淀积，形成结石。这一带的劳动人民，经过长期的实践经验，发现多吃酸性食物有利于减少结石等疾病。久而久之，他们也就渐

山西最有名的水塔老陈醋

渐养成了爱吃醋的习惯。

　　湖南、湖北、江西、贵州、四川及东北的朝鲜族等地居民多喜辣，我国流传有"贵州人不怕辣、湖南人辣不怕，四川人怕不辣"之说。四川的"麻辣烫"更是全国闻名，可以说，没有不辣的四川名吃，四川名吃不辣，也就谈不上"名吃"。如今，人们除了管四川女子叫"川妹子"外，还称其为"辣妹子"，原因大概也基于此。喜辣的食俗多与气候潮湿的地理环境有关。我国东部地处沿海，东北的朝鲜族当地气候也湿润多雨，冬春阴湿寒冷，而四川虽不处于东部，但地处盆地，更是潮湿多雾，一年四季少见太阳，因而有"蜀犬吠日"之说。这种气候导致人的身体表面湿度与空气饱和湿度相当，难以排出汗液，令人感到烦闷不安，时间久了，还易使人患风湿寒邪、脾胃虚弱等病症。吃辣椒浑身出汗，汗液当然能轻而易举地

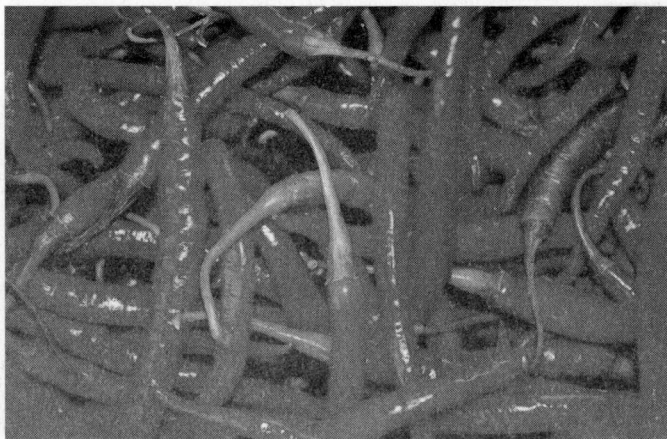

湖南、四川、江西等省份的人爱吃的辣椒

排出，经常吃辣可以驱寒祛湿，养脾健胃，对健康极为有利（对当地人而言）。另外，东北地区吃辣还与寒冷的气候有关，吃辣可以驱寒，鲁迅留学时为御寒也有了爱吃辣的习惯。

我国北方冬季寒冷干燥，夏季温和多雨，气温年差较大，在过去，即使少量的蔬菜也难以过冬，同时又不舍得一时"挥霍"掉，北方人便把菜腌制起来慢慢"享用"，这样一来，北方大多数人也养成了吃咸的习惯。

人说苏州菜甜，其实与无锡的相比，苏州菜不过是淡。无锡炒鳝糊放很多糖，包子的肉馅里也放很多糖，对北方人讲，根本没法吃。广东、浙江、云南等地居民也大多爱吃甜食。南方多雨，光热条件好，盛产甘蔗，比起北方来，蔬菜更是一年几茬。南方人被糖类"包围"，自然也就养成了吃甜的习惯。北方人不是不爱吃甜，只是过去糖难得，只好以"咸"代"甜"来调剂口味了。虽说北方

南方盛产甘蔗

现在不缺"糖"，但口味一旦形成，不是一朝一夕就可以改变的。相信随着社会的发展与时间的延续，这种咸甜相对的趋势会减弱的。

当然，"南甜北咸、东辣西酸"只是个笼统而又相对的说法，我国地大物博，饮食习惯差异很大，甚至在局部地区也有许多不同之处，这与各地的经济发展、民族习俗和个人习性也有重要关系。

考考你

同学们，时代变迁，物是人非，想一想，随着现代交通运输以及温室大棚和保鲜技术的飞跃发展，再加上全国各地人口的频繁流动，中国这种"南甜北咸、东辣西酸"的饮食习惯会有所改变吗？

小故事大智慧

重庆火锅与重庆

重庆火锅，又叫麻辣火锅，发源于重庆。如果你有幸品尝过重庆火锅的话，其中的"辣味"可能令你吃过一次后就终身难忘了。我国的饮食习惯，总体上是"南咸北甜，东辣西酸"，这其中的东辣更包括重庆的"辣"。重庆，位于亚热带季风气候，地处四川盆地，又加上长江和嘉陵江穿城而过，一年四季气候潮湿，水汽十分充足，且难以扩散，难以排出汗液，令人烦闷不安。重庆人通过吃麻辣火锅可以达到排汗驱寒解闷的良好效果。重庆火锅到底是谁发明的呢？其实它来源于民间。

重庆两江（长江、嘉陵江）江流之处的朝天门，原是回民屠宰牲口的地方，回民宰牛后只要其肉、骨、皮，却将牛内脏弃之不用，岸边的水手、纤夫将其捡回，洗净后倒入锅中，加入辣椒、花椒、姜、蒜、盐等辛辣之物，煮而食之，一来饱腹，二来驱寒、祛湿，久而久之，就成了重庆最早的也是最有名气的麻辣毛肚火锅。因此，重庆的火锅发源于朝天门码头。但不管是在重庆江北，还是重庆朝天门，重庆火锅发源于江边、码头之处却是不争的事实了。由于巴蜀素有"尚滋味"、"好辛香"、用辣椒、花椒等调味的饮食习惯，后发展为小商贩挑担沿街叫卖。重庆火锅随着改革春风迅速辐射全国，从西北戈壁腹地格尔木到东海之滨的国际大都会上海，从北国冰城哈尔滨到椰岛首府海口市，都布满了重庆火锅馆，到处都可以品尝到重庆火锅的独特风味。真可谓是重庆火锅红遍大江南北，魅力无限。

二、独具一格的筷子

小风铃探究

据说，世界上共有三种吃东西的方式，直接用手拿东西吃的占百分之四十，用刀叉的占百分之三十，还有百分之三十则用筷子。筷子是怎样发明的呢？它里面是不是还蕴含着一些不为人知的东方智慧和习俗呢？

眼镜爷爷来揭秘

筷子，是中国人的一大发明。筷子是如何发明的呢？

有人推测，远古人烤东西吃时，随手折两根树枝或竹枝，用来夹着吃，这样既不烫手，又能趁热吃到

上粗下细的筷子

美味，于是就演变成了筷子。筷子的结构极为简单。从形

状来说，是两根小细棍，中国的筷子是上粗下细，上方下圆，这种造型的优点是拿起来方便，不容易滑，也不容易转动，放在桌子上不会滚，夹菜入口的一端光滑圆润不会伤着唇舌。筷子传到日本后，日本人将筷子做成圆锥形，这是因为日本多食生冷食物，如生鱼片之类，用这种筷子更方便。

筷子在中国人的民俗中常扮演重要角色。有的地方新娘出嫁，嫁妆里一定要有两份为新婚夫妇准备的碗筷，并用红绳绑在一起，称为"子孙碗"，这不仅表示新夫妇从此要共同生活，而且"筷"与"快"谐音，有预祝"快生贵子"的意思。中国北方农村还有这样的风俗，每当新婚之夜闹洞房时，亲友们从窗口外向新房里扔筷子，以示吉祥如意，早生贵子。别看筷子只是两根小细棍，但要把这两根小细棍用得很协调还真得花一些工夫。

中国人用筷子的技巧，常常吸引了外国人，西方甚至还有专门教人使用筷子的"培训中心"。有的医学专家认为，使用筷子能带动人体三十多个关节和五十多处肌肉，有助于手的灵巧和脑的发达。中国是筷子的故乡，但是世界上第一家"筷子博物馆"据说在德国。这家博物馆展出了一万多双以金、银、玉石、兽骨等不同材料制成的筷子，这些筷子来自不同的国家和地区，出自不同的历史时期，可谓洋洋大观。

智慧卡片

可怕的一次性筷子

一次性筷子指使用一次就丢弃的筷子，又称为"卫生筷"、"方便筷"。一次性筷子是社会快节奏的生活产物。目前主要有一次性木筷和一次性竹筷。一次性筷子由于卫生方便受到餐饮业的青睐，但是一次性木筷造成大量林地被毁的问题日益凸显。中国市场各类木制筷子消耗量十分巨大，其中每年消耗一次性木筷子450亿双（约消耗木材166万立方米）。每加工5000双木制一次性筷子要消耗一棵生长30年的杨树，全国每天生产一次性木制筷子要消耗森林100多亩，一年下来总计3.6万亩。而且劣质木筷并不干净，只是给人一种卫生的错觉。一次性竹筷由于是用可以再生的竹子制作，经济又环保，越来越被广泛使用，我国还利用出口退税的优惠政策，鼓励用一次性竹筷代替一次性木筷出口，减少木材的使用，

保护森林。中国的一次性筷子对日出口虽然给一些地方带来了收入，也创造了一定的就业机会，但同时也应该看到这项产业给中国带来的问题。如果按一棵成年树木能够生产出一万双筷子计算，那么中国对日出口的200多亿双一次性筷子至少需要250万棵树，需要砍伐掉数万平方公里的森林。与日本国内所采用的"间伐"方式不同，中国的森林采伐大都是采用"一采光"式的砍伐方式，应该说这是对现有森林资源的一种毁灭性的采伐。由于后续植树工作乏力，原本是可再生的森林资源就变成了一次性资源。这对我国的林业资源是极大的浪费。

禁止使用一次性筷子宣传画

中国对日出口一次性筷子是最典型的发展中国家的经济发展模式，即为了发展经济进行资源出口型的生产开发，资源过度开发最终导致环境遭到破坏。在日本的各大餐馆、食堂处处可见一次性筷子。日本全年一次性筷子的消耗量约为257亿双，人均消费200双左右。同时，日本国内一次性筷子的产量仅占3%左右，其余97%都是依靠进口，其中从中国进口的一次性筷子占全部进口量的99%。这就是说，日本约96%的一次性筷子来自中国。

一次性筷子不仅仅损害了环境，而且还不一定卫生。一次性筷子的包装多数都印有高温消毒清洁卫生的字样，但实际上，因为一次性筷子价格低廉，市场占有率大，所以为了争夺这块市场，很多小企业都采用硫黄熏、双氧水、硫酸钠浸泡，漂白，滑石粉抛光，就是为了降低成本，实际上根本就没有达到卫生消毒的目的，而一次性筷子的外包装聚乙烯膜给人民带来的危害就更大了，这种从生产线下来的东西，在高温下会产生更多的有害成分，会诱发人体产生很多的慢性疾病。

三、多彩缤纷的传统民居

小风铃探究

俗话说"一方水土养一方人"，但你是否知道一方水土也孕育了一种民居。陕北的"窑洞"、客家的土楼、北京的四合院、傣族的竹楼等等都是中国传统民居的主要代表。让我们来一起了解了解它们吧！

中国历史悠久，疆域辽阔，自然环境多种多样，社会经济环境不尽相同。在漫长的历史发展过程中，逐步形成了各地不同的民居建筑形式，这种传统的民居建筑深深地打上了地理环境的烙印，生动地反映了人与自然的关系。中国传统民居建筑比较典型的主要有以下几种：

四合院

四合院是北京地区乃至华北地区的传统住宅其基本特点是按南北轴线对称布置房屋和院落，坐北朝南，大门一般开在东南角，门内建有影壁，外人看不到院内的活动。正房位于中轴线上，侧面为耳房及左右厢房。正房是长辈的起居室，厢房则供晚辈起居用，这种庄重的布局，亦体现了华北人民正统、严谨的传统性格。北京地区属暖温带、半湿润大陆性季风气候，冬寒少雪，春旱多风沙，

北京四合院立体结构图

因此，住宅设计注重保温防寒避风沙，外围砌砖墙，整个院落被房屋与墙垣包围，硬山式屋顶，墙壁和屋顶都比较厚实。中国北方院落民居以北京四合院最为典型。北京四合院之所以有名，还因为它虽为居住建筑，却蕴含着深刻的文化内涵，是中华传统文化的载体。四合院的营建是极讲究风水的，从择地、定位到确定每幢建筑的具体尺度，都要按风水理论来进行。风水学说，实际是中国古代的建筑环境学，是中国传统人居建筑理论的重要组成部分，这种风水理论，千百年来一直指导着中国古代的营造活动。除去风水学说外，四合院的装修、雕饰、彩绘也处处体现着民俗民风和传统文化，表现出一定历史条件下人们对幸福、美好、富裕、吉祥的追求。如以蝙蝠、寿字组成的图案，寓意"福寿双全"，以花瓶内安插月季花的图案寓意

四合院里精致的木雕

"四季平安",而嵌于门管、门头上的吉辞祥语,附在檐柱上的抱柱楹联,以及悬挂在室内的书画佳作,更是集贤哲之古训,采古今之名句,或颂山川之美,或铭处世之学,或咏鸿鹄之志,风雅备至,充满浓郁的文化气息,登斯庭院,有如步入一座中国传统文化的殿堂。北京四合院亲切宁静,庭院尺度合宜,把大地拉近人心,是十分理想的室外生活空间,庭院方正,利于冬季多纳阳光。东北气候寒冷,院子更加宽大。北京以南夏季西晒严重,院子变成南北窄长。西北风沙很大,院墙加高。

陕北窑洞

四合院门旁绚丽的彩绘

窑洞式住宅是陕北乃至整个黄土高原地区较为普遍的民居形式。分为靠崖窑、地防窑和砖石窑等。靠崖窑是在黄土垂直面上开凿的小窑,常数洞相连或上下数层;地坑窑是在土层中挖掘深坑，造成人工崖面再在其上开挖窑洞；砖石窑是在地面上用砖、石或土坯建造一层或两层的拱券式房屋。黄土高原区气候较干旱，且黄土质地均一，具有胶结和直立性好的特性，土质疏松易于挖掘，故当地人民因地制宜创造性地挖洞而居，不仅节省建筑材料，而且具有冬暖夏凉的优越性。由于地坑式窑洞难于防御洪水的侵袭，且随着经济条件的改善，近年来，一些地方已经放弃了地坑式窑洞的修造，并陆续在地面上营建砖木结构房屋而居。窑洞是一种特殊的"建筑"，不是用"加法"而是以"减法"即"减"去自然界的某些东西而形成的可用的空间，流行在中国西北部黄土高原地区。深达一二百米、极难渗水、直立性很强的黄土，为窑洞提供了很好的发展基础。同时，中国西北部地区气候干燥少雨、冬季寒

陕北窑洞：地防窑

冷、木材较少等自然状况，也为冬暖夏凉、十分经济、不需木材的窑洞，创造了发展和延续的契机。

傣族竹楼

傣族人住竹楼已有1400多年的历史。竹楼是傣族人民因地制宜创造的一种特殊形式的民居。顾名思义，竹楼是以竹子为主要建筑材料。西双版纳是有名的竹乡，大龙竹、金竹、凤尾竹、毛竹多达数十种，都是筑楼的天然材料。

传统竹楼，全部用竹子和茅草筑成。竹楼为杆栏式建筑，以粗竹或木头为柱椿，分上下两层。下层四周无遮拦，专用于饲养牲畜家禽，堆放柴禾和杂物。上层由竖柱支撑，与地面距离约5米左右。铺设竹板，极富弹性。楼室四周围有竹篱，有的竹篱编成各种花纹并涂上桐油。房顶呈四斜面形，用草排覆盖而成。一道竹篱将上层分成两

西双版纳的傣族竹楼

半，内间是家人就寝的卧室，卧室是严禁外人入内的；外间较宽敞，设堂屋和火塘，既是接待客人的场所，又是生火煮饭取暖的伙房。楼室门外有一走廊，一侧搭着登楼木梯，一侧搭着露天阳台，摆放着装水的坛罐器皿。

傣家人习惯进屋都要脱掉鞋子，光脚踩在竹席上，天长日久竹席就变成亮锃锃的。当人们步上木梯，坐在金黄色的篾席上，喝着主人送来的茶水或米酒，眺望着窗外绿茵茵的油棕、椰子和香蕉树，听着鸟儿的歌声，真是别有一番情趣。

藏族碉房

碉房是中国西南部的青藏高原以及内蒙部分地区常见的居住建筑形式。当地并无专名，外地人因其用土或石砌筑，形似碉堡，故称碉房。碉房一般为2～3层。底层养

西藏依山而建的藏族碉房

牲畜，楼上住人。过游牧生活的蒙、藏等民族的住房还有"毡帐"，这是一种便于装卸运输的可移动的帐篷。

藏族民居的墙体下厚上薄，外形下大上小，建筑平面都较为简洁，一般多方形平面，也有曲尺形的平面。因青藏高原山势起伏，建筑占地过大将会增加施工上的困难，故一般建筑平面上的面积较小，而向空间发展。西藏那曲民居外形是方形略带曲尺形，中间设一小天井。内部精细隽永，外部风格雄健，高原的日光格外强烈，民居处于一片银色中，显得格外晶莹耀眼。

藏族民居在处理住宅的外形上是很成功的。因为简单的方形或曲尺形平面，很难避免立面的单调，而木质的出挑却以轻巧与灵活和大面积厚宽沉重的石墙形成对比，既给人以沉重的感觉，又使外形变化趋向于丰富。这种做法不仅着眼于功能问题，而且兼顾了艺术效果，自成格调。

福建土楼

闽西南地区的客家人土楼是一种特殊农村住宅。土楼外形有方、圆之别，酷似大碉堡，其外墙用土、石灰、沙、糯米等夯实，厚1米，可达5层高；由外向内，屋顶层层下跌，共三环，主体建筑居中心，房间总数可达300余间，十几家甚至几十家人共居一楼。福建是东南沿海的"山国"，境内山地丘陵占80%以上，地形复杂，历史上匪盗现象较为严重，中原汉族迁居此地后，为御匪盗防械斗，同族数百人筑土楼而居所，故形同要塞的土楼，防御功能

福建土楼内视

突出。此外，福建地处东南沿海地震带，气候暖热多雨，坚固的土楼既能防震防潮又可保暖隔热，可谓一举数得。福建土楼，一般单体建筑规模宏大，形态各异，依山傍水，错落有致，建筑风格独特，工程技术高超，文化内涵丰富。结构上以厚实的夯土墙承重，内部为木构架，以穿

福建土楼外观

斗式结构为主。常见的类型有圆楼、方楼、五凤楼（府第式）、宫殿式楼等，楼内生产、生活、防卫设施齐全，是中国传统民居建筑的独特类型，为建筑学、人类学等学科的研究提供了宝贵的实物资料。

眼镜爷爷来揭秘

为你揭秘中国南方和北方民居的代表——皖南和山西民居

在中国民居中，皖南民居和山西民居齐名并列，一向有"北山西，南皖南"的说法。明清时期，深居内陆的晋商、徽商勤俭自强、诚信经营而富甲海内。在家乡修建的深宅大院，成为中国民居文化的一笔宝贵财富。

一、山西民居

乔家大院位于晋中地区祁县东环镇乔家堡村，是山西省集中反映晋中地区民俗的博物馆，在国内外享有盛名。它有院落19进，房屋313间，中式结构的院落构思精巧，平面布局呈"双喜"字形。馆藏文物丰富，反映了晋中浓郁的乡土人情和风俗习尚。

乔家大院的特点之一是外实内静，也就是民居的外围是高大的实墙，而内部自成一个与外界隔绝的空间，形成一个外实内静的神韵。乔家大院外围的砖墙厚实稳重，阻隔了外面摩肩接踵、熙来攘往、吆喝叫卖的嘈杂之声，使宅内形成一种安宁恬静的生活环境。乔家大院建筑的另一个特点是单坡屋顶，屋面内倾。这样单坡屋顶背后的高墙对准院外，墙体高大，具有防御功能。山西一带气候干旱，春季常有大风、沙尘暴，外墙的高大具有封闭性，可以防风沙。屋面内倾，雨水向内流，寓意"肥水不流外人田"，反映了晋商勤俭持家的优良作风。

二、皖南民居

皖南民居以黟县宏村最具代表性，2000年被列入"世界遗产名录"。

宏村现保存完好的明清古民居140余幢。村内鳞次栉比的层楼叠院与绮旎的湖光山色交相辉映，动静相宜，处处是景，步步入画。拥有绝妙田园风光的宏村被誉为"中国画里乡村"。

青瓦、白墙是徽派建筑的突出印象。错落有致的马头墙不仅有造型之美，更重要的是它有防火、阻断火灾蔓延的实用功能。

徽派民居的特点之一是高墙深院，一方面防御盗贼，另一方面是饱受颠沛流离之苦的迁徙家族获得心理安全的需要。

徽派民居的另一特点是以高深的天井为中心形成的内向合院，四周高墙围护，外面几乎看不到瓦，唯以狭长的天井采光、通风与外界沟通。这种以天井为中心，高墙封闭的基本形制是人们关心的焦点。雨天落下的雨水从四面屋顶流入天井，俗称"四水归堂"，也形象地反映了徽商"肥水不流外人田"的心态，这与山西民居有异曲同工之妙。

四、话说中国饮茶习俗

小风铃探究

茶，对于中国人来说，是最熟悉不过的了，在中国已经有了上千年的历史。大多数国人喜欢饮茶养神，喜欢以茶待客、喝茶论道。相比于西方人常喝的咖啡，在中国，茶的用途不仅仅是用来解渴、提神，更在于它已经成为了国人的一种必需品、一种习惯、一种不可或缺的文化。你知道我国的饮茶风气是从什么时候开始的吗？又有哪些特殊的饮茶习惯呢？

眼镜爷爷来揭秘

中国人喝茶已有4千多年的历史，中国人在日常生活中不可缺少的饮料之一就是茶，俗话说"柴、米、油、盐、酱、醋、茶"，茶被列入开门七件事之一，可以看出喝茶的重要性。以茶待客是中国人的一种习惯。客人进门，主人立即送上一杯香气扑鼻的茶水，边喝茶边谈话，气氛轻松愉快。

在中国，茶已形成一种独特的文化现象，人们把煎茶、品茶作为一种艺术。自古至今，中国各地都设有不同形式的茶楼、茶馆等，北京繁华的前门大街旁就有专门的茶馆。人们在那里喝茶、吃点心、欣赏文艺演出，可谓休息、娱乐一举两得。在中国南方，不但有茶楼茶馆，还有一种茶棚，这种茶棚多设在风景优美的地方，游人一边喝茶一边观景。

喝茶有喝茶的习惯，就拿茶叶来说，各地嗜好不同，喜好喝茶的品种也不一样。北京人爱喝花茶，上海人则喜好绿茶，福建人却爱喝红茶。有些地方，喝茶时还喜欢往茶里放些佐料，如南方的湖南一些地方常用姜盐茶待客，

风景区内的茶棚

不仅有茶叶，而且有盐、姜、炒黄豆和芝麻，喝茶时边摇边喝，最后把黄豆、芝麻、姜和茶叶一起倒入口中，慢慢地嚼出香味，所以不少地方又称"喝茶"为"吃茶"。

茶楼

沏茶的方法各地也有自己的习惯，东部一带喜好用大茶壶，客人进门，把茶叶放在壶中，冲上开水，待茶泡好后，再倒在茶杯中，请客人用茶。有的地方，如福建省漳州一带的功夫茶，不仅茶具别具一格，而且沏法也很特别，形成了独特的茶道艺术。

在中国各地，喝茶的礼节也不一样，在北京，主人端上茶来，客人应立即站起来，双手接过茶杯，说声"谢谢"。在广东、广西，主人端上茶后，要用右手指弯曲后轻轻地敲三下桌面，以示谢意。在另一些地区，客人想继续喝茶，茶杯中应留些茶水，主人见了会继续加茶水，如

花茶

绿茶

果将茶水全部喝完，主人认为你不再喝了，也就不给你加茶水了。

功夫茶

考考你。

　　在中国，茶不仅仅是用来喝的，还是用来品的，并且形成了一种文化。这种茶文化被称为"茶道"。你了解中国的"茶道"吗？不妨和同学们一起讨论讨论，说一说茶道包括了哪些礼仪和习俗。

第七章　点点翡翠星罗密布

智慧导航

　　我国是一个海陆兼备的国家，除了拥有漫长的18000多公里的大陆海岸线外，还有14000多公里的岛屿岸线。在我

国领海的广阔海域中，海岛散布其间。这些大大小小、星罗棋布的岛屿，像一颗颗璀璨的明珠，镶嵌在祖国300多万平方公里的蓝色国土上，成为中华民族锦绣版图上闪闪发光的瑰宝。

一、中国海岛知多少

小风铃探究

中国是一个多岛屿的国家，在其300多公里的蓝色海洋国土上，大约分布着大大小小上万个岛屿和岛礁。你知道它们是怎样分布的吗？

眼镜爷爷来揭秘

中国岛屿小岛多、大岛少，无人岛多、有人岛少，缺水岛多、有水岛少。我国面积超过1000平方公里的大岛有3个：台湾岛、海南岛、崇明岛。按其成因可分3类：基岩岛、冲积岛、珊瑚礁岛。东海约占岛屿总数的60%，南海约占30%，黄、渤海约占10%。我国海岛的分布范围相当广，多数呈断断续续的岛链状镶嵌在大陆近岸，少数呈群岛形式星罗棋布于远海之中。

基岩岛 ——东南锁匙澎湖列岛

我国著名珊瑚岛 ——西沙群岛

在我国的四个海域中，东海的岛屿数量最多，约占全国海岛总数的60%，仅浙江沿海就有3000多个，而且分布比较集中。大岛、群岛也较多，并沿近海分布，如台湾岛、崇明岛、海坛岛、东山岛、金门岛、厦门岛、玉环岛、洞头岛和舟山群岛、南日群岛、澎湖列岛等岛群。只有钓鱼岛、赤尾屿等几个小岛分布于东海东部。

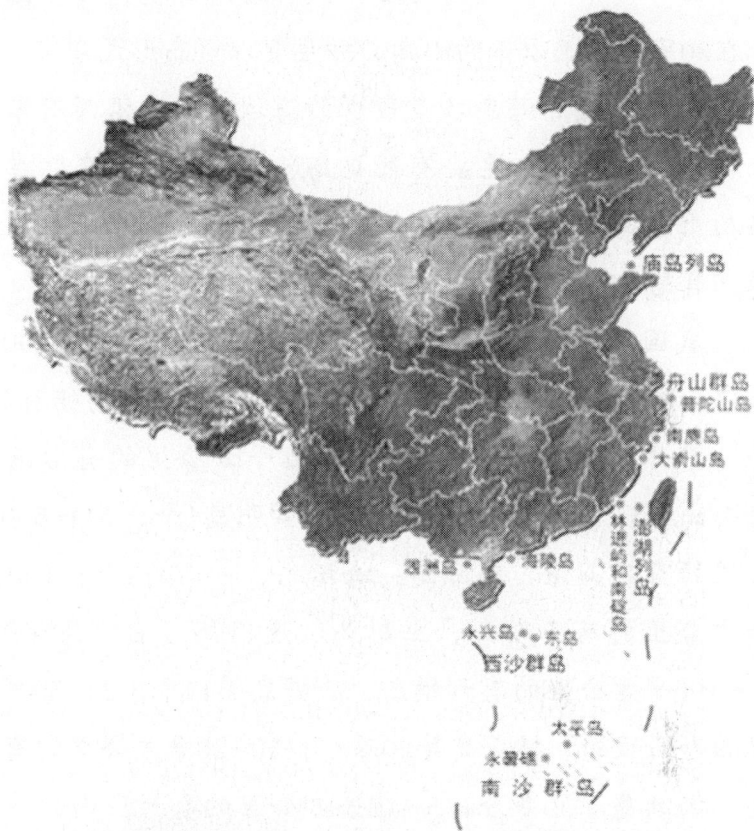

中国主要海岛分布图

南海岛屿数量居第二，约有1700多个，占我国海岛总数的30%左右。其中绝大部分靠近大陆，主要大岛和群岛有海南岛、东海岛、上川岛、下川岛、湄洲岛、海龟石岛、大濠岛、香港岛、海陵岛、南澳岛、涠洲岛和万山群岛，只有属于珊瑚岛群的南海诸岛远离祖国大陆。

相比之下，黄海岛屿较少，只有500多个，主要分布于黄海北部、中部的我国大陆一侧和渤海海峡，多为陆域面积在30平方公里以下的小岛，并主要以群岛形式分布。

渤海是我国海岛数量最少的海域，只在沿岸有零星的分布，面积更小，主要有菊花岛、石臼坨、桑岛。在分布格局上，山地、丘陵海岸及河口附近较多，在平原海岸外很少有岛屿存在。

我国海岛面积总和有8万多平方公里，面积在500平方米以上的海岛就有6500多个，其中有人居住的岛屿有400多个。具体来说，陆域面积超过3万平方公里的有台湾岛和海南岛2个；1000多平方公里的有崇明岛1个；200-500平方公里的有舟山岛、东海岛、海坛岛、东山岛4个；100-200平方公里的有玉环岛、上川岛、厦门岛、金门岛等9个；50-100平方公里的有六横岛、金塘岛等14个；20-50平方公里的有石城岛、桃花岛等20多个；10-20平方公里的有南长岛、湄洲岛等30多个；5-10平方公里的有大鱼山岛、大万山岛等几十个；陆域面积在5平方公里以下的占我国海岛的绝大部分。大的群岛有舟山群岛、长山群岛、庙岛群岛、南日群岛、万山群岛、西沙群岛和南沙群岛，以及韭山列岛、鱼山列岛、礼是列岛等40多个列岛。

智慧卡片

不一般的海岛

我国的海岛，是我国神圣和宝贵的海上国土。别看有的海岛面积很小，却是我国海洋权益的标志和拥有周围海域底资源主权权利的象征。比如钓鱼岛、黄岩岛，自古以来就是中国的神圣领土。

海岛是海洋经济开发的重要基地。海岛及其周围海域是个巨大的能源宝库，蕴藏着丰富的渔业、矿产、旅游、岸线资源和海洋能源，为发展海洋经济提供了得天独厚的优势。海岛既是我国扩大对外开放的"窗口"、走向世界的"桥头堡"，也是世界各国通向我国中西部地区的"岛桥"。

海岛的经济开发 ——跨海大桥

海岛是国防安全的天然屏障。由海岛组成的岛弧或岛链，恰如日夜镇守海防的卫士，构成了我国海上第一道国防屏障。如，庙岛群岛形如一条铁链，紧锁渤海海峡；舟山群岛好似巡航舰队，驻泊长江口外；万山群岛就像一群堡垒，构筑于珠江口前。它们巍然屹立于海防前哨，分别扼守着祖国的北大门、东大门和南大门。海岛是海军反击侵略和战略追击的前沿阵地。较大的海岛，可以兴建军事基地，实际上就是海中永不沉没的"航空母舰"。可以说，谁控制了海岛，谁就能控制周围的海面、海底，谁就掌握了制海权、制空权，就能维护大陆的安全。

海岛是维护国家海洋权益的基石。根据《联合国海洋法公约》确定的领海和岛屿制度，海岛在确定国家领海基线，划分内水、领海、毗连区和专属经济区时具有关键性作用。凡能维持人类居住的岛屿，可以拥有43万平方公里的管辖海域及其海洋资源。即使不能维持人类居住或其本身经济生活的岛屿，也可以至少拥有6215平方公里的管辖海域及其海洋资源。因此，海岛的重要性已不仅仅局限于海岛本身的经济、军事价值，而直接关系到沿海各国管辖海域的划分，海洋法律制度和海洋权益的确立。

海岛在海洋生态保护和海洋科研中也有十分重要的价值。海岛是海洋的一部分，是整体海洋生态系统的重要组成部分。独立、没有或者较少人类活动干扰的海岛，保存了相对独立的原始自然环境和资源体系，如地质地貌、生物进化的痕迹或化石，是研究地质演变、生物进化、海洋灾害和生态平衡的天然实验室。

智斗赛诸葛

同学们，在你的假期里，你去过海岛上游玩过吗？请说说海岛上有什么好玩的好看的令你记忆深刻？如果上天赐予你一个同样环境优美的小海岛，让你成为这个海岛的岛主，你将如何规划开发和保护呢？

二、珊瑚为国土增色

小风铃探究

在岛屿的类型中，有一种岛屿叫做珊瑚岛。你知道它是怎样形成的吗？在我们中国这些珊瑚岛又分布在哪里呢？

眼镜爷爷来揭秘

在热带海洋上，有一种特殊类型的岛屿，组成岛屿的物质主要是珊瑚虫的骨骼，海洋地质学家称这种岛屿为珊瑚岛。

　　在祖国大陆南方的南海之中，就有这样的岛屿。它们星罗棋布于万顷碧波之中，展布位置自北向南分为四个岛群，分别称为东沙群岛、西沙群岛、中沙群岛和南沙群岛，这些岛群习惯上又称为南海诸岛。其中，东沙群岛距祖国大陆最近；西沙群岛居中；中沙群岛紧靠西沙东南方，是一个水下大环礁，只有黄岩岛出露海面；南沙群岛居南，距祖国大陆最远。除西沙群岛中的高尖石岛外，南海诸岛都是珊瑚岛。

　　南海中的珊瑚岛数量很多，但面积都很小。我国的南海诸岛岛礁有200多座，总面积有12平方公里；存在形式各不一样，分别以岛、礁、沙、滩相称。一般地讲，大潮时出露水面、面积较大的称岛或沙洲；出露水面面积较小的礁石称明礁；大潮涨潮淹没、退潮露出的称暗礁；长期淹没于水下的称暗沙；淹没较深，表面平坦的水下台地称暗滩。现已命名的岛、礁、沙、滩有258个，其中岛屿35个、沙洲13个、暗礁113个、暗沙60个、暗滩31个，以"石"或"岩"命名的礁石6个，分布海域面积从北面的东沙岛到最南端的曾母暗沙附近，达100多万平方公里。

　　珊瑚岛是由海中的珊瑚虫遗骸堆筑的岛屿。珊瑚虫死后，其身体中含有一种胶质，能把各自的骨骼结在一起，一层粘一层，日久天长就成为礁石了。在满足珊瑚虫生息的条件下，珊瑚岛的形成必须要有水下岩礁作为基座，这就是珊瑚岛分布于热带海洋、远离河口、坐落于海山和陆

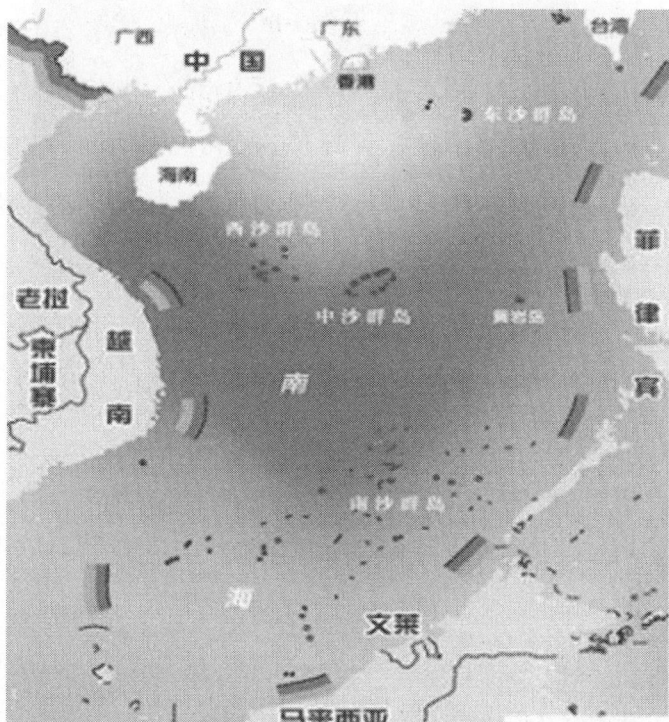

南海诸岛的地理位置

坡阶地上面的原因。珊瑚礁生成以后，珊瑚虫不断生息繁衍，随着海平面的上升或地壳的下降，当礁体的下沉速度等于或小于珊瑚礁的生长速度时，礁体便向上和四周生长扩大，形成环礁；在波浪作用下，破碎的珊瑚沙向环礁中适宜堆积的地方集中，日久天长的堆积，礁体出露海面，珊瑚岛就形成了。如果珊瑚礁的生长速度不及礁体下沉或海面上升的速度，当水深超过40米时，珊瑚虫不能生存，礁体便停止了生长，就变成了水下环礁。中沙群岛的水下大环礁就是这样来的。

海底珊瑚虫

海面上的珊瑚岛

智慧卡片

中国最南端的地级市三沙市成立

2012年6月21日民政部发布公告，宣布国务院批准撤销海南省西沙群岛、南沙群岛、中沙群岛办事处，设立地级三沙市，下辖西沙、南沙、中沙诸群岛及海域。设立地级三沙市是我国对海南省西沙群岛、南沙群岛、中沙群岛的岛礁及其海域行政管理体制的调整和完善。三沙市涉及岛屿面积13平方公里，海域面积260多万平方公里，是中国陆地面积最小、总面积最大、人口最少的地级城市。三沙市辖最南国土海域南沙群岛的曾母暗沙、立地暗沙、八仙暗沙及其海域，也是中国最南的领土海域。未来的三沙市的海域范围将逾200万平方公里，大约相当于全中国陆地面积（960万平方公里）的四分之一。

三、中国最大冲积岛

小风铃探究

有一种岛屿，和其他岛屿不同的是它每年都在变迁着，你知道这是什么类型的岛屿吗？在我们中国最大的冲积岛是哪个岛呢？它又是怎样诞生和变化的呢？

眼镜爷爷来揭秘

冲积岛是陆地的河流夹带泥沙搬运到海里，沉积下来形成的海上陆地。陆地的河流流速比较急，带着上游冲刷下来的泥沙流到宽阔的海洋后，流速就慢了下来，泥沙就沉积在河口附近，积年累月，越积越多，逐步形成高出水面的陆地，这就叫冲积岛。世界上许多大河入海的地方，都会形成一些冲积岛。我国共有400多个冲积岛，长江入海口的崇明岛，就是一个很大的冲积岛，是我国的第一大冲积岛。

崇明岛国家地质公园

　　崇明岛地处长江口，是中国第三大岛，被誉为"长江门户、东海瀛洲"，是世界上最大的河口冲积岛，世界上最大的沙岛。崇明岛成陆已有1300多年历史，现有面积为1041.21平方公里，海拔3.5米～4.5米。全岛地势平坦，土地肥沃，林木茂盛，物产富饶，是有名的鱼米之乡。

　　崇明岛是新长江三角洲发育过程中的产物，它的原处是长江口外浅海。长江奔泻东下，流入河口地区时，由于比降减小、流速变缓等原因，所携大量泥沙于此逐渐沉积。一面在长江口南北岸造成滨海平原，一面又在江中形成星罗棋布的河口沙洲。这样一来，崇明岛便逐渐成为一个典型的河口沙岛。它从露出水面到最后形成大岛，经历了千余年的涨坍变化。

智斗赛诸葛

在我国除了崇明岛是冲积岛之外，你还了解我国有哪些岛是冲积岛吗？根据我们学的冲积岛的形成原因，你能不能说出我国的冲积岛主要分布在何处呢？

四、蛇的天然乐园

小风铃探究

蛇是我们常见的一种动物，你可曾知道我国有一个很有特色的岛屿，被称为蛇岛。这又是为什么呢？让我们一起感受蛇岛的魅力吧！

眼镜爷爷来揭秘

在辽东半岛南部、距旅顺港不远的海面上，有一个人迹罕至的小岛，面积很小，却栖息着18000条蝮蛇，这就是闻名于世的蛇岛。蛇岛又叫蟒岛，当地人称小龙山岛。蛇岛的轮廓略成一个平行四边形，自西北向东南延伸，长1000多米，宽600多米，面积约0.8平方公里。蛇岛以近海岛屿奇特的生态环境著称于世，称之世界奇岛。蛇岛上山峦起伏，主峰位于西南部，海拔216米。地貌形态西南高、东北低。岛的西南面悬崖陡立，东北面坡度相对较缓。1963年，国家批准建立了老铁山自然保护区，蛇岛就是这个保护区的一部分。

科学研究表明，岛上蛇是由大陆上来的，但不是大陆蛇类渡海过去的，也不是由渔船带至岛上去的，而是地质时期海陆变迁的结果。大约在几亿年以前，海面远较今天海面为高，或者说是大陆太低，辽东半岛与蛇岛虽连在一起，但均被淹没在海中。到了4亿年以前，这一地区开始成陆，辽东半岛与蛇岛开始逐步露出海面，后来经过数次的地壳运动以及海平面的升降，使得蛇岛饱经沧桑之变。目前蛇岛的蝮蛇种群已由保护区建立初期的9000条左右增加到了两万多条。

蛇岛上五颜六色的毒蛇

智斗赛诸葛

在我国，蛇岛是一个很特别的岛屿，那是因为在岛上爬行着千千万万条毒蛇。然而在我国很特别的岛不仅只此一个，还有很多，如菊花岛、坟墓岛。你能说说这些岛的名字的缘由吗？

智慧卡片

鸟的天堂————万鸟岛

上小学的时候，我们学过一篇课文，叫做《鸟的天堂》。不知你是否知道，在我们的国土中，真真确确存在这样的一个鸟的天堂。它就是位于渤海的万鸟岛。

万鸟岛又称车由岛，坐落于长岛诸岛中部偏东，这个海拔73.5米、面积仅有0.05平方公里的小岛，在浩渺的汪洋大海之中，简直是一粒微不足道的沙粒，然而海深魅力大，岛小情趣多，岛上栖居着上万只海鸥，被称为"万鸟岛"。车由岛，远远望去，酷似一艘锚泊的登陆舰。全岛海岸线长1.25公里，海岸地貌悬崖陡壁占90％以上，这些如劈如削的断崖，多石英岩与极岩，破碎性强，经风化和海蚀，崖壁此凸彼凹，石阶、石台、石窟、石穴鳞次栉比，形成一座自然的海鸥"石楼"。车由岛环岛无路，唯中部有一涵洞可至山腰，极其险峻，人称"通天路"，走在通天路上，宛如置身于海鸥的王国，随手可以触及到鸟儿的羽翼；待登上山顶，鸟儿则全在脚下了。

庙岛（长岛）群岛

　　每年的4、5月间，海鸥在这里双双对对地度完了蜜月，雌鸥便在岛上孵卵化雏了。刚出壳的小海鸥十分惹人可爱，雌雄双亲便在巢中轮流照看雏鸥，又轮流外出觅食。其他像海鸥一样在车由岛繁殖的鸟类，还有不少。

据统计，庙岛列岛之上共有220余种鸟类，占山东省鸟类总种数的67%，而其中车由岛上的鸟类无疑是异常多的。每年来这里的候鸟有丹顶鹤、白尾海雕、白肩雕、大天鹅、鸢鹰、比利时红隼、丹麦云雀、瑞典乌鸦、萨尔瓦多蛎鹬等等。它们在南迁途中，过山越海，路途漫长，十分辛劳，需要找地憩息，在飞越渤海海峡时，庙岛列岛无疑是它们最好的中途栖息地。故此，庙岛列岛素有我国北方的"候鸟旅站"之美名。

万鸟岛上成千上万的海鸥

考考你

舟山群岛是中国最大的群岛，在它附近形成了中国最大的渔场——舟山渔场。你知道舟山渔场形成的原因吗？

图书在版编目（CIP）数据

华夏览胜 / 邓春波，彭友斌主编 ；廖琰洁编 . −−南昌 ：百花洲文艺出版社，
2012.12
（地理大千世界丛书 / 叶滢主编）
ISBN 978−7−5500−0462−7

Ⅰ．①华… Ⅱ．①邓… ②彭… ③廖… Ⅲ．①地理−中国−青年读物②地理
−中国−少年读物 Ⅳ.①K92−49

中国版本图书馆CIP数据核字(2012)第295257号

华夏览胜

策　　划	宝骏　建华
主　　编	叶滢
本册主编	邓春波　彭友斌

出 版 人	姚雪雪
责任编辑	余茳　杨旭
特约编辑	万仁荣
美术编辑	彭威
制　　作	何丹
出版发行	百花洲文艺出版社
社　　址	南昌市阳明路310号
邮　　编	330008
经　　销	全国新华书店
印　　刷	江西千叶彩印有限公司
开　　本	787mm×1092mm 1/16　印张 11
版　　次	2013年1月第1版第1次印刷
字　　数	120千字
书　　号	ISBN 978−7−5500−0462−7
定　　价	18.70元

赣版权登字 05−2012−160
版权所有，侵权必究
邮购联系　0791−86894736
网　　址　http://www.bhzwy.com
图书若有印装错误，影响阅读，可向承印厂联系调换。